ABHANDLUNGEN
DER RHEINISCH-WESTFÄLISCHEN AKADEMIE DER WISSENSCHAFTEN

Band 51

ABHANDLUNGEN
DER RHEINISCH-WESTFÄLISCHEN AKADEMIE DER WISSENSCHAFTEN

Band 51

THEA BUYKEN

Die Constitutionen von Melfi und das Jus Francorum

Die Constitutionen von Melfi und das Jus Francorum

Von

Thea Buyken

Springer Fachmedien Wiesbaden GmbH

Das Manuskript wurde
der Rheinisch-Westfälischen Akademie der Wissenschaften
am 20. Januar 1973
von Professor Dr. Gerhard Kegel vorgelegt

Herausgegeben von
der Rheinisch-Westfälischen Akademie der Wissenschaften

ISBN 978-3-531-09051-1 ISBN 978-3-663-14461-8 (eBook)
DOI 10.1007/978-3-663-14461-8

Ursprünglich erschienen bei Westdeutscher Verlag GmbH Opladen in 1973
Softcover reprint of the hardcover 1st edition 1973

Dem Andenken meiner Mutter

Vorwort

Im Vorwort zu meiner vor einigen Jahren von der Arbeitsgemeinschaft für Forschung des Landes Nordrhein-Westfalen veröffentlichten Abhandlung: Das römische Recht in den Constitutionen von Melfi (Abh. 17) hat Hermann Conrad bereits darauf hingewiesen, daß „Ergänzungen nach der Seite des germanischen Rechts“ in Vorbereitung seien. Meine Studien über das fränkische Recht im Liber Augustalis hat er mit steter Anteilnahme und freundschaftlichem Rat begleitet.

Ausgehend von einem Quellenapparat für die Neuedition des Constitutionentextes habe ich versucht, in der vorliegenden Arbeit den „fränkischen“ Wurzeln der Constitutionen von Melfi nachzugehen, die weniger vordergründig und schwerer nachzuweisen sind als der Einfluß des römischen Rechts auf das Gesetzbuch. Umfangreiche Untersuchungen waren dafür notwendig; es sind nicht bloß die verwandten Rechtsquellen aus der Normandie und England sowie die Assisen von Jerusalem und Antiochien zum Vergleich herangezogen worden, sondern auch die Geschichtsschreiber der französischen und apulischen Normannen. Meine Aufmerksamkeit erstreckte sich weiter auf die Art und Weise, in der das römische Recht, von dem der Liber Augustalis in starkem Maße durchdrungen und gestaltet worden ist, auf das „Jus Francorum“ eingewirkt hat, das sich darin findet.

Die Constitutionen von Melfi sind zitiert nach dem Wortlaut der im Druck befindlichen Neuausgabe des Gesetzbuches durch Hermann Conrad, Wolfgang Wagner und die Verfasserin, welche mit dankenswerter und verständnisvoller Unterstützung durch Herrn Dr. Ernst Coenen von der Thyssen-Stiftung im Böhlau-Verlag erscheint.

Danken möchte ich der Rheinisch-Westfälischen Akademie der Wissenschaften für ihr Interesse an der Veröffentlichung dieser Abhandlung, Herrn Prof. Dr. Gerhard Kegel für seine liebenswürdige Bereitschaft, sie in der Akademie-Sitzung vom 20. Januar 1973 an Conrads Statt vorzulegen.

Köln, den 29. Januar 1973

Thea Buyken

Friedrich II. war der Sohn der normannischen Konstanze und ein Enkel Rogers II. Als der junge Hohenstaufe König des sizilischen Reiches wurde, gelangte ein Gebiet unter seine Botmäßigkeit, das vorher anderthalb Jahrhunderte lang von Normannen regiert worden war. Mochte die Bevölkerung des Landes auch vielfältigen Ursprungs sein und Nachfahren der Römer, Griechen, Langobarden, Sarazenen und Juden neben Franzosen, Deutschen und Normannen umfassen: Die führende Schicht war im wesentlichen normannischen Blutes, und der Anspruch, den sie an den neuen König stellte, ließ sich nicht überhören, mochte Friedrich selbst sich auch noch so sehr als Nachfolger der römischen Imperatoren fühlen, in den Geist der Antike eingedrungen sein und das römische Recht für geeignet halten, allen Untertanen gleichermaßen verbindliche Norm zu werden. Einer Auseinandersetzung mit der Tradition der normannischen Elite konnte der Herrscher nicht ausweichen, als er den Entschluß faßte, ein „Corpus constitutionum“[1] herauszugeben, um als „Vater der Gerechtigkeit“[2] ein einheitliches Recht in seinem Reiche zu begründen.

Zwar war die führende Normannenschicht zahlenmäßig nicht eben bedeutend[3]; doch gehörte sie dem „fränkischen“ Feudaladel an[4], der sich seiner Herkunft und Kultur nach anderthalb Jahrhunderten Normannenherrschaft in Süditalien noch durchaus bewußt war[5] und niemals den Kontakt mit der Heimat, auch mit England sowie den Staaten von Outre Mer, die ebenfalls nach fränkischem Recht lebten, aufgegeben hatte[6].

Die normannischen Schriftsteller sehen die Normannen in aller Welt als eine Einheit. Guillaume de Jumièges rühmt ihre großen Erfolge: die Siege in England, Apulien, Thrazien und Syrien[7]. Wilhelm von Poitiers berichtet voll Stolz, daß die Normannen Apulien und Sizilien besitzen, Konstantinopel verteidigen helfen und Babylon mit Furcht erfüllen[8]. „Anglorum victor populus, victor Siculorum, victor Graecorum, Capuanorum, Apulicorum“ dichtet Radulf von Caen[9]. Es ist auch kein Zufall, daß auf dem ersten Kreuzzug vor Antiochia französische und apulische Normannen zusammen mit dem ihnen verwandten Herzog von Flandern ihre Zelte aufschlugen[10], und daß bei der Belagerung von Jerusalem wiederum Herzog

Robert Courteheuse von der Normandie, Robert von Flandern und der apulische Guiscardide Tancred de Bono Marchiso gemeinsam Stellung bezogen[11].

So ist es denn auch fast selbstverständlich, daß die apulischen Normannen im Bewußtsein des Zusammenhangs aller Normannen untereinander lebten. Sie hielten an ihrem normannisch-fränkischen Recht fest[12] und pflegten jahrhundertelang ihre heimischen Bräuche. Noch im Jahre 1812 hören wir von Lehen zu fränkischem Recht in Sizilien[13].

Die Formenstrenge des normannisch-fränkischen Rechtes und der Grundsatz des Pairsgerichts[14] machte es notwendig, daß die normannischen Adeligen in Apulien sich in ihren heimischen Gewohnheiten und Bräuchen selber hinreichend auskannten. Wenn Friedrich II. vor Abfassung der Constitutionen von Melfi die Alten seines Königreichs zusammenrufen ließ, um sie zu befragen über das, was sie von Recht und Gesetz früherer Zeiten wüßten[15], so darf man annehmen, daß auch Normannen unter ihnen waren, die ihre normannisch-fränkischen Bräuche mutmaßlich ebensowohl kannten wie die Ritter der Normandie[16] und die Adeligen des Königreichs Jerusalem und die von Antiochien die ihren, von deren ausgezeichneter Rechtskenntnis die umfangreichen Assisen von Jerusalem[17] sowie die Assisen von Antiochien[18] Zeugnis ablegen. Der alte Monseigneur de Baruth (Beyruth)[19], der Sire d'Arsur (Arsoul)[20], Messire Raou de Tabarie (Tiberias)[21], Monseigneur de Saieste (Saida)[22], Mesire Bellian und Sire Nicolle Antiaume[23], die uns darin begegnen, haben gewiß ihresgleichen im Königreich Sizilien gehabt.

Das Wissen der normannischen Oberschicht seines Landes um das heimische Recht und ihr getreues Festhalten daran ist wohl der Hauptgrund dafür gewesen, daß Friedrich II. keinen Versuch gemacht hat, seinen Lehnsadel rücksichtslos dem unablässig eindringenden Geiste des römischen Rechtes zu unterwerfen[24], und daß er ihm irgendwie noch das Bewußtsein ließ, weiterhin „iure Francorum" zu leben[25].

Natürlich waren nicht alle Beziehungen zu anderen Normannenstaaten oder solchen mit teilweise normannischer Bevölkerung wirklich geeignet, die Kenntnis normannischen Rechtes und normannischen Staatslebens im Königreich Sizilien zu vertiefen. Nicht jeder, der herkam, nicht jeder, der aus dem Süden in den Norden ging, war in gleichem Maße für rechtliche Probleme interessiert oder imstande, eine fundierte Auskunft über Gesetze und Institutionen seines Landes zu geben. Dennoch hat der Kontakt mit den anderen Normannen gewiß Recht und Verwaltung des italienischen Südens beeinflußt, wie umgekehrt auch der Süden manchmal von Einfluß auf den Norden oder auf den fränkischen Orient gewesen sein mag[26].

Im Königreich Jerusalem haben sich bei dem umfangreichen dortigen Quellenmaterial direkte Beweise für die Beeinflussung des dortigen Assisenrechts durch das französische Mutterland erhalten. Philippe von Navarre erzählt, daß oft, wenn die großen Schiffe ankamen und rechtskundige Männer von Adel in Syrien an Land gingen, neue Assisen gemacht und alte verbessert worden seien[27]. Und es gibt einen Brief aus dem Jahre 1214, in dem Louis VIII. Le Lion von Frankreich dem König Johann von Brienne eine französische Coutume näher erläutert[28]. Man könnte sich vorstellen, daß in Süditalien Ähnliches vorgekommen ist.

Mit consuetudines, Gewohnheiten, nicht mit geschriebenen Aufzeichnungen des Rechtes kamen die ersten Einwanderer aus der Normandie nach Apulien. Diese consuetudines müssen einer Schicht entsprochen haben, die bedeutend früher liegt[29] als der Zeitpunkt der ersten Aufzeichnung der Statuta et consuetudines Normannie[30], wenn diese auch unbestritten zum Teil Gewohnheiten enthalten, die schon lange vor ihrer Niederschrift in der Normandie lebendig waren[31]. Das Recht, das die normannischen Eroberer mit in den Süden brachten, kann kaum mehr zum Inhalt gehabt haben als die vage Kunde von Einzelvorschriften, die man Rollo[32] oder Richard I.[33] zuschrieb, oder etwa die Bräuche, von denen Dudo von St. Quentin berichtet[33a], oder solche, die sich in frühen normannischen Urkunden nachweisen lassen[34] oder die endlich in den sogenannten Consuetudines et Justicie Wilhelms des Eroberers einen Niederschlag gefunden haben, welche wir in einer posthumen Aufzeichnung aus der Regierungsepoche seiner Söhne besitzen[35]. Und wirklich finden sich noch in den Constitutionen von Melfi untrügliche Spuren solch frühen Rechtes[36]. Im einzelnen wird das noch nachzuweisen sein. *Was der Liber Augustalis an normannisch-fränkischen Institutionen enthält, die sich auch in anderen, späteren Rechtsquellen germanisch-rechtlichen Inhalts finden, kann ebensowohl auf Beeinflussung durch andere Länder zurückzuführen sein wie auch auf eigener Fortentwicklung germanischer Rechtsgrundsätze beruhen, die dann eventuell ihrerseits ausländische Quellen befruchtet hat.* Gewisses wird sich darüber kaum je ermitteln lassen[37]. Wortwörtliche Übereinstimmungen mit germanisch-rechtlichen Rechtsquellen, wie das im Verhältnis zum römischen Recht der Fall ist[38], fehlen fast gänzlich. Ein paar Rechtsworte lassen sich nachweisen. Ein paar Institutionen. Ein Rest normannischen Geistes in einem von römischer Jurisprudenz stark beeinflußten Codex. Nur im fränkischen Lehnrecht der Constitutionen von Melfi hat sich dieser Geist zu stärkerer Blüte entfaltet.

Nachdem ich in einer früheren Arbeit[39] bereits den Versuch gemacht habe, den großen Einfluß des wiedererwachenden römischen Rechtes auf den Liber Augustalis aufzuzeigen, der das ganze Corpus durchwirkt und durchzieht, möchte ich nunmehr die Aufgabe in Angriff nehmen, normannische Elemente, die sich in dem Gesetzbuch Friedrichs II. finden, herauszuschälen. Es wird sich dabei — soviel scheint nach dem bisher Gesagten wohl klar zu sein —, im wesentlichen um Bestimmungen handeln, die für den normannischen Teil des sizilischen Volkes, also den normannischen Adel, von Bedeutung waren[40]. Das heißt also um Gesetze, denen dieser entweder selbst besondere Wichtigkeit beimaß, oder die der Herrscher zur Aufrechterhaltung seiner Herrschaft über ihn für unumgänglich hielt[41].

I

Die Constitutionen von Melfi weisen uns selber deutlich darauf hin, daß sie eine Auseinandersetzung mit dem „fränkischen", d. h. dem normannischen Recht beabsichtigen. *Sie erwähnen das „Jus Francorum" ausdrücklich an mehr als einer Stelle. Doch handelt es sich in diesen Fällen fast ausschließlich um Recht, das der Liber Augustalis abschafft.* So werden z. B. die Bestimmungen des „fränkischen" Rechtes, die sich mit der „dissaisina", der Entwerung, befassen — der Begriff dissaisina wird an dieser Stelle aber nicht erwähnt! —, außer Kraft gesetzt[42]. So werden die Gottesurteile abgelehnt[43] und der Zweikampf, „quo jure Francorum viventes hactenus utebantur", verboten[44], außer bei heimlichem Mord und bei Majestätsverbrechen[45]. Im übrigen darf in keinem Zivil- oder Kriminalverfahren[46] künftig das Duell als Beweis erlaubt werden. Man soll sich vielmehr, wie es heißt, mit dem Beweis durch Urkunden oder Zeugen begnügen[47], mit dem sich auch das römische Recht zufriedengibt. Der Zweikampf, so wird gesagt, steht mit der Natur nicht in Einklang, weicht vom gemeinen (römischen) Recht ab und entspricht nicht den Grundsätzen der Billigkeit[48]. Weiter wird die Bestimmung des „fränkischen" Rechtes über die Verschweigung beseitigt und statt dessen die römisch-rechtliche Praescriptio eingeführt[49]. Abgeschafft wird auch die „fränkische" Strafe für Kontumaz des vor Gericht Geladenen[50]. Tiefer noch greift in das bisherige Rechtsleben der normannischen Bevölkerung ein, daß Friedrich II. deren eigenes Prozeßrecht mit seinen „cavillationes" und „captiones", seinen „quinzanae" und „momenta temporum" gänzlich außer Kraft setzt[51]. Die starke Betonung von Wort und Form, die für den fränkischen Prozeß seit alters charakteristisch gewesen ist[52], soll also in Sizilien keine Bedeutung mehr haben. Ein einheitliches Verfahren vielmehr, das nachklassische justinianische, wird für alle Bewohner des Reiches als maßgeblich erklärt, gleich, nach welchem Recht sie bisher lebten. „Wir wollen nicht, daß es vor Gericht einen Unterschied der Person (persönliches Recht) gibt, sondern allen soll gleiche Gerechtigkeit werden“, sagt Friedrich II.[53]. Eine einzige Stelle nur im ganzen Corpus des Kaisers läßt sich nachweisen, und zwar in dem Kapitel De successione nobilium in feudis[54], wo Normannen (übrigens auch Langobarden) ausdrücklich zugebilligt bekommen, in einer Beziehung weiter nach ihrem persönlichen Recht zu leben. Es ist dies das Gesetz, das das Erbrecht der adeligen Lehnsbesitzer regelt, wie die Überschrift sagt.

Nicht überall wird der Liber Augustalis so deutlich, daß er ausdrücklich vom „Jus Francorum“ redet, wenn er normannischen Rechtsbrauch aufhebt. In einigen Fällen spricht das Gesetzbuch auch einfach von einer „consuetudo“[55], einer „observatio“[56], die nicht mehr gelten solle, von „errores“[57], die die „wahre Rechtsgelehrsamkeit“ verachten müsse, von einem „jus“, das eher „iniuria“ zu nennen sei[58]. Da wird denn wohl von einer „consuetudo“ gesagt, daß sie „supervacua“[59], „prava“[60], „dura et iniqua“[61] sei, von einer „observatio“ oder „poena“, daß sie als „dira et dura“[62] empfunden werde. „Omnino“[63], ganz und gar, müsse solcher Brauch beseitigt, „funditus“[64], „radicitus“[65], mit Stumpf und Stiel, ausgerottet werden. Daß normannisches Recht hier aufgehoben wird, finden wir nicht einmal angedeutet. Zu solchen consuetudines zählen die Constitutionen von Melfi auch die „lex paribilis“[66], die „leges paribiles“[67] (normannisch: „lex apparens“[68], „leges apparentes“[69]), d. h. die Gottesurteile der Feuer- und Wasserprobe, deren eine, die Feuerprobe, schon Dudo von St. Quentin für die Normandie bezeugt[70]. Sie werden im Liber Augustalis zwar nicht als „judicium Dei“ bezeichnet, aber durch Umschreibung angedeutet, indem das „ferrum candens“, die „aqua frigida“ Erwähnung finden[71]. Eine Denkungsart, die solche Abgeschmacktheiten glaubt, heißt es, muß „ausgerottet“ werden, nicht „gebessert“[72]. Man solle diese leges besser „absconsae a veritate“ nennen statt „paribiles“[73]. Weiter wird der normannische Brauch, daß der Räuber einer Frau straflos ausgeht, falls er die Geraubte zur Ehe nimmt[74], zugunsten einer römisch-rechtlichen Strafe für dies Verbrechen beseitigt[75]. Auch die altfranzösische Auffassung, daß Uneheliche keinesfalls zur Erbschaft berufen seien[76], wird abgeschwächt, und zwar für die Söhne von Klerikern[77]. (Übrigens ist in das betreffende Gesetz ein Breve des Kaisers an einen hohen Beamten inseriert, worauf die teilweise direkte Rede aufmerksam macht: „Jurisdictionem tuam“, „facias“, „videris“, „immittas“. Das Breve hat sich feststellen lassen. Es handelt sich um die Urkunde vom 25. April 1235, die bereits von WINKELMANN in dessen Acta Imperii inedita herausgegeben worden ist[78].)

Ferner wird das Verwandtenbail bei Lehen fränkischen Rechtes beseitigt[79] und zugleich die Sitte, daß entfernte männliche Verwandte vor leiblichen Töchtern erben[80]. Auch dies sei, so betont Friedrich, dem Jus commune abträglich[81]. Und endlich findet sich eine Bestimmung, daß die vom König eingesetzten balii (Lehnsvormünder), obwohl sie ihr Amt „ex fide", also als Treuhänder (nach germanischem Recht!) führen[82], „ratiocinium", Rechenschaft (römisch-rechtlicher Grundsatz!) abzulegen gehalten sind, nicht, wie bisher, als befreit davon zu gelten haben[83].

Der erste Eindruck, den die Constitutionen von Melfi uns gewinnen lassen, zeugt also nicht gerade für eine starke Beeinflussung des Gesetzbuches durch normannisches Recht. Auch sagt der König bereits im Prooemium, daß sanctiones seiner normannischen Vorfahren nur dann weiter in Gültigkeit bleiben sollen, wenn er sie in sein neues Corpus mit aufgenommen habe[84]. (Roger II. hatte in seinen Vaticanischen Assisen noch erklärt, daß alle mores, consuetudines und leges in Kraft bleiben sollten, soweit sie nicht ganz offensichtlich den neuen Assisen widersprächen[85]. Ein bemerkenswerter Unterschied!) „Nichts", so erklärt Friedrich II. an einer anderen Stelle seines Gesetzbuches, „nehmen wir den alten Fürsten von ihrem Ansehen, wenn wir, der Eigenart neuer Zeiten entsprechend, neue Rechte schaffen und für neue Mißstände neue Gegenmittel finden"[86]. Auch betont der Kaiser, daß er beabsichtige, Mängel in den Constitutionen seiner Vorgänger durch Ergänzung zu vervollständigen[87]. „Den Rost, die Trübung", die die alten Statuten „in den verflossenen ungeordneten Zeiten angesetzt" hätten, werde er „mit der Feile entfernen" und „deren Unzulänglichkeit beheben"[88]. In zwei Gesetzen widerruft Friedrich Privilegien seiner Vorgänger ganz ausdrücklich unter Hinweis darauf, daß sie in irregulären Zeiten und anläßlich von „turbationes" entstanden seien[89]. Bisweilen wird eine frühere Constitution auch nur teilweise aufgehoben[90] oder gemildert[91].

Gelegentlich beruft sich Friedrich allerdings auch ausdrücklich auf Gesetze seiner normannischen Vorgänger und billigt sie. So befiehlt er z. B., daß die kirchlichen Zehnten vollzählig und regelmäßig gezahlt werden sollen, wie das „zu den Zeiten König Wilhelms" (II.), seines Vetters, geschehen sei[92], oder, daß Kupplerinnen zu bestrafen seien „gemäß den Statuten König Rogers"[93]. Einmal stellt Friedrich ausdrücklich eine in Vergessenheit geratene Constitution seiner Vorgänger wieder her[94]. Auch erkennt er gelegentlich eine consuetudo an, wenn er z. B. sagt, daß der sizilische König einem bewährten Brauch gemäß die Lehnsvormundschaft weiterverleihen könne[95]. Und wirklich finden sich unter den Constitutionen der Sammlung eine ganze Anzahl, die der Kaiser nachweislich von den Normannenkönigen übernommen hat.

Wir besitzen in dem Werke MONTIS, Lo stato normanno-svevo, eine übersichtliche synoptische Zusammenstellung der von Friedrich II. „gebilligten" Assisen seiner Vorgänger[96]. Dieser italienische Gelehrte druckt sowohl die sogenannten Cassinensischen wie die Vaticanischen Assisen Rogers ab und stellt ihnen mehrere Handschriften des Constitutionentextes gegenüber[97]. Er bringt auch die Gesetze, die er Wilhelm I. und Wilhelm II. zusprechen möchte[98], die sich übrigens durch wechselnde[99] Überschriften in den verschiedenen Handschriften sowie durch ihren Inhalt als wohl nicht von Friedrich selbst herrührend ausweisen[100]. Im ganzen handelt es sich um 65 Assisen.

Bei sorgfältiger Prüfung aller Stücke stellt sich indes heraus, daß nur etwa ein Sechstel der von Friedrich II. aufgenommenen 37 Gesetze Rogers kein römisches Recht enthält. Bei der Mehrzahl von ihnen läßt sich sogar eine fast wortwörtliche Entlehnung aus dem Corpus Juris nachweisen[101]; bei einem geringeren Teil ist der Inhalt ganz oder teilweise römisch-rechtlicher Natur[102], oder es stehen doch einige römische Rechtsworte darin[103]. Dies also ist Recht der normannischen Vorfahren, und doch nicht eigentlich normannisches Recht. Die enge Anlehnung König Rogers an das Vorbild Justinian wird zu deutlich, und es handelt sich also bei diesen Stücken nicht um rein germanische Wurzeln der Constitutionen von Melfi. Anders steht es mit der zweiten Gruppe bei MONTI, den Urkunden der Wilhelme. Sie enthalten wirklich einige normannische Consuetudines und normannische Rechtsworte, auf die im systematischen Teil der Abhandlung näher einzugehen ist. Nach MONTI hat Friedrich II. 26 Gesetze der Wilhelme in sein Corpus aufgenommen[104]. Die überwiegende Mehrzahl davon schreibt er Wilhelm II. (il Buono) zu[105]. Bei zweien nur nimmt er Wilhelm I. (il Malo) als Gesetzgeber an[106], und von einem einzigen meint er, es sei nicht genau auszumachen, welcher von diesen beiden Königen es erlassen habe[107]. Roger ist stilistisch und inhaltlich kaum zu verwechseln. Knappe und herbe Formulierung weist fast untrüglich auf ihn hin[108]. Bestimmungen über das Verhältnis von Staat und Kirche verraten meist die beiden folgenden Könige[109]. MONTI gibt die Diskussion der übrigen Forscher über die strittigen Stücke, von denen einige verschiedenen Königen zugeschrieben und verschieden datiert worden sind, in übersichtlichen und klaren Ausführungen wieder[110]. In seinen Ansichten geht er oft mit NIESE einig[111], der sich schon 1910 mit den normannischen Gesetzen eingehend befaßt hat[112]. Für unseren Zweck, der darin besteht, das normannische Rechtsgut in den Constitutionen von Melfi herauszuschälen, bildet das Corpus des Kaisers gewissermaßen ein Ganzes. Hat Friedrich II. nur solche Stücke aufgenommen, die er erhalten wissen wollte, so hat er sich eben durch diese Übernahme mit den Bestimmungen seiner Vorfahren solidarisch erklärt. Es erübrigt sich für diese

Untersuchung, in den Streit um den Urheber jedes einzelnen Gesetzes einzugreifen.

In dem vom römischen Recht stark beeinflußten und mit römisch-rechtlichen Phrasen und Wendungen durchsetzten Corpus Friedrichs II. machen plötzlich auftretende normannische Rechtsworte auf normannische Bestandteile der Gesetze aufmerksam. Meist sind diese Worte latinisiert, wie das auch in den normannischen Coutumes der Fall ist (z. B. guerra, forestagium, paragium, recredens, balium)[113], wenn auch nicht immer (mellede)[114], und sie werden, wie im normannischen Recht[115], gelegentlich mit ausdrücklichem Hinweis eingeführt. „Rixas, quae vulgariter mellede vocantur"[116], heißt es etwa, oder: „monomachiam, quae duellum vulgariter dicitur"[117], oder: „sic foriudicatus habebitur, prout in aliquibus imperii partibus Nostri nuncupatur"[118]. Im allgemeinen stehen sie jedoch einfach eingestreut im lateinischen Text[119], oft in einer fremdrechtlichen Umgebung[120], und immer bedeutet ihr Vorhandensein normannischen Rechtseinfluß, Fortleben des Rechtes der Einwanderer aus dem Norden.

II

Neben den zumeist römischen Rechtswörtern[121] für „Gesetz" findet sich in den Constitutionen von Melfi mehrmals auch der normannisch-fränkische Ausdruck *„assisia"*[122], der außer in Süditalien in der Normandie, in England, im Königreich Jerusalem und im Fürstentum Antiochien nachzuweisen ist. Ursprünglich wurde er wohl gebraucht, um die Sitzung, die Versammlung, auf der Recht gesprochen oder gesetzt wurde[123], zu bezeichnen. Schließlich drückte er aber auch das Ergebnis solcher Versammlung aus, bedeutete soviel wie Statut[124]. (Eine Verengung des Wortsinns liegt vor, wenn in England „assisa" seit Heinrich II. gebraucht wird für ein einziges Edikt, mit dem dieser König das Recognitionsverfahren bei Besitzstreitigkeiten allgemein einführte[125], oder auch für dieses Verfahren selbst[126]). Die Constitutionen verwenden assisia ebenfalls in mehrfacher Bedeutung. Der frühe Wortsinn: „Sitzung, Versammlung" läßt sich in ihnen allerdings nicht belegen. Die Hauptbedeutung ist hier: Gesetz der Normannenkönige[127], überhaupt: Gesetz des Reiches[128]; eine zweite: Verordnung örtlicher Organe[129]; eine dritte: Abgabe, die für eine Handelsware festgesetzt worden ist[129a]. Im Zusammenhang mit dem Wort assisia begegnet uns im Liber Augustalis auch ein schwacher Rest des *„consilium et assensus"*, zu dem die normannischen Großen und Getreuen ursprünglich bei dem Erlaß von Gesetzen berechtigt waren[130]: „Infrascriptas assisias ... deliberatione perpensa et salubri consilio Nostrorum fidelium determinari mandamus" heißt es einmal[131]. (Doch sind „deliberatio perpensa"[132] und „salubre consilium"[133] bereits wieder römisch-rechtliche Wendungen.) Von den obersten Kämmerern wird gesagt, daß sie die „assisias rerum venalium", die Abgaben für den Verkauf von Handelswaren, „per singulas civitates et loca" festsetzen sollen „cum consilio baiulorum aliorumque Nostrorum fidelium loci"[134]. Es handelt sich bei diesen Spuren von consensus zu Gesetzen wohl um Urkunden der Wilhelme, die von Friedrich übernommen worden sind. Doch begegnet auch in einer Constitution Friedrich II. der „Rat", das „consilium Nostrorum fidelium"[135], und in einer weiteren die „fideles loci, qui super hoc consilium dederunt"[135a].

III

Damit leiten wir über zu *Person und Stellung des sizilischen Königs* unter Friedrich II. Allenthalben sehen wir ihn mit römischem Nimbus umgeben. Seine Titel, seine Eigenschaften, seine Position dem Recht gegenüber sind unstreitig von römischen Vorbildern inspiriert[136]. Schon Roger II. hatte unter byzantinischem Einfluß mit römischen Attributen gespielt. Aber erst Friedrich II. hat die Vergottung des Herrschers, seiner Worte und Taten vollendet[137]. Wieviel Platz, so muß man sich fragen, bleibt neben diesem starken Einfluß römisch-rechtlicher Vorstellungen bei der Person des Königs noch für überkommenes Gedankengut der normannischen Vorfahren?

Immerhin finden wir im Liber Augustalis den König von Sizilien noch mit einigen Rechten begabt, die die normannischen Herzöge bereits für sich in Anspruch nahmen. Sie haben sich wohl erhalten können aus jenen Zeiten her, als seine Vorfahren noch den Titel dux Apuliae trugen, und sind von Friedrich II. leicht behauptet worden, da diese alten Rechte des Herrschers der Mentalität seines normannischen Adels nicht fremd waren. Da fällt wie bei dem Herzog der Normandie[138] und später bei dem König von England[139] herrenloses *Strandgut* noch an die curia des Königs[140], wenn auch die Bestimmung über die deliktische Gemeinschaft bei naufragium durchaus römischem Vorbild entspricht[141]. Die Kenntnis des alten Katalogs der Güter, die dem König vom Varech zukommen, wird allerdings vorausgesetzt. Es heißt einfach: „quae ex naufragio curiae Nostrae debentur"[142]. (Der Ausdruck „veriscus", „wereq", „varech"[143] fällt nicht.) Dem entspricht die Formulierung der normannischen Statuta et Consuetudines: „Et de eo Dux debet habere"[144], des Très ancien Coutumier: „Li dus en doit avoir"[145] sowie der Summa: „Ex eo... dux Normannie debet quedam habere“[146], wonach dann aber noch jeweils der besagte varech-Katalog folgt.

Bei der Bestimmung über *Funde aus unbekanntem Besitz,* die ebenfalls an den König fallen sollen, falls der rechtmäßige Besitzer der Gegenstände sich nicht meldet, werden dann auch in den Constitutionen einige Dinge namentlich aufgezählt, die ihm zukommen, nämlich „pecunia, aurum, argentum“ sowie „lapides pretiosi“[147]. Dies sind Restbestandteile des alten normannischen varech-Katalogs[148]. Auch in der Normandie gehört übrigens ein Schatzfund dem Herzog[149].

Altes normannisches Recht ist auch das *Verbot, Befestigungen zu errichten und dem Herzog den freien Eintritt in ein Kastell zu wehren.* Die Consuetudines et Justicie Normannie Wilhelms d. Eroberers nennen schon ausführlich Möglichkeiten, wie die Barone versuchen könnten, sich eigenmächtig zu sichern: „Gräben, Palisaden, Schießscharten und Umwallungen, Forts und Kastelle auf Felsen und Inseln“, und erwähnen auch den freien Zugang des Herzogs zu jedem Kastell[150]. Nach Wilhelm von Poitiers zerstörten unterworfene normannische Adelige auf Befehl des Eroberers „festinanter ac funditus“ alle Befestigungen, die sie im Eifer eines Aufruhrs errichtet hatten[151]. Ordericus Vitalis nennt neu errichtete Kastelle „adulterina“[152] und berichtet, daß König Heinrich I. „principali disciplina“ „humotenus“ die Schleifung einer rebellischen Festung verlangt habe[153]. Die Leges Henrici für England bezeichnen schon die „castellacio trium scamnorum“, die Befestigung einer Burg mit dreifachem Erdwall, als ein Verbrechen, das der König selber ahndet[154], und die Assisen von Northampton Heinrich II. befehlen den Justitiaren, für die gründliche Schleifung unerlaubter Festungsbauten Sorge zu tragen[155]. Friedrich II. spricht in seinen Constitutionen ganz allgemein von „aedificia“, die geeignet seien, den König an der Verteidigung seiner domania zu hindern[156], sowie auch von festen Türmen auf Domanialland[157], deren Errichtung er ausdrücklich untersagt. Er fordert für sich das Öffnungsrecht für alle Kastelle, „liber introitus et exitus“[158]. Das Recht des „aditus“ schon für den Herzog von Apulien bezeugt Gaufredus Malaterra, der erzählt, die Bürger von Molfetta hätten „pro libitu suo“ dem Dux Roger Bursa diesen verwehrt[159]. An einer anderen Stelle seines Gesetzbuches verlangt Friedrich II. konkret die Beseitigung aller „castra, munitiones et turres“, die seit dem Ableben Wilhelms II. des Guten ohne die Erlaubnis des Herrschers errichtet worden seien[160], ein Befehl, den er bereits früher in den Assisen von Capua ausgesprochen hatte[161] und dem er in den darauffolgenden Jahren schon Geltung zu schaffen versuchte[162].

Wenn wir bedenken, daß in Deutschland etwa zu derselben Zeit Heinrich VII. den Fürsten in der Constitutio in favorem principum 1231 die Befestigungshoheit in ihren Ländern zugestehen mußte[163], und daß Friedrich II. 1232 in seinem Statutum das Gesetz wenigstens für die geistlichen Fürsten bestätigte[164], so wird uns klar, daß der Kaiser sich in Sizilien auf dem Boden alten normannischen Rechtes leichter behaupten konnte als im Reich, wo die Landesherren bereits begonnen hatten, ihre Landeshoheit zu begründen. Über den Versuch Friedrichs, im Großen Mainzer Reichslandfrieden von 1235 ein Reichsgrundgesetz zu schaffen, „ist die Geschichte hinweggeschritten". Der staufische Reichsgedanke „versank in den Stürmen des Interregnums"[165].

Eine interessante Parallele zum anglo-normannischen Königtum liegt in der Bedeutung der *Transfretatio* des Königs, der Über-Meer-Fahrt, die hier wie dort als Ursache gesetzwidrigen Verhaltens einzelner Untertanen besonders hervorgehoben wird. Einem diesbezüglichen Breve bei Glanvilla[166] entspricht Friedrichs Hinweis in den Constitutionen, daß infolge solcher Abwesenheit rechtswidrige Diplome erlassen worden seien, die er nun zu widerrufen habe[167].

Daß eine Art *Breve* des Kaisers in ein Gesetz des Liber Augustalis verwoben wurde, ist oben[168] bereits erwähnt worden. Auch hierbei zeigt sich Friedrich mit den Sitten der Normannen vertraut. Die Statuta et Consuetudines Normannie sowie auch Glanvilla bieten Beispiele für die Anwendung von Brevia[169] oder Writs. Es handelt sich dabei um die briefliche Aufforderung des Königs (oder eines hohen Beamten) an einen Bailli, für die gerechte Lösung einer strittigen Sache alles Erforderliche zu tun. Eine solche Insertion ist im Liber Augustalis nur dieses eine Mal nachzuweisen.

Die Einkünfte, *„banni"*[169a], *„poenae bannorum"*[169b], die der sizilische König nach zwei Gesetzen der Constitutionen aus den Verletzungen seines Bannes, d. h. des Rechtes, bei Strafe zu gebieten und zu verbieten, zieht[169c], gehen auf fränkisches Königsrecht zurück[169d]. Schon früh übte nach Dudo von St. Quentin der mächtige Herzog der Normandie das Bannrecht in seinem Lande aus[169e]. Beispielhafte Erwähnung finden in dem einen Gesetz die Bußen, die auf Verletzung des Gerichtsbannes stehen[169f]; doch läßt die allgemein gehaltene Formulierung vorher[169g] sowie die des anderen Gesetzes[169h] den Schluß zu, daß es sich bei diesen Einkünften auch noch um Bußen aus anderen Bannrechten handelt.

Was die *Beamten* des sizilischen Königs anbelangt, hat die eingehende Untersuchung ihrer Namen sowie ihrer Funktionen bereits früher entscheidende römisch-rechtliche Einflüsse gezeigt[170]. Dennoch blieb auch auf diesem Gebiet Raum für einiges germanische Erbe. Normannisch-fränkisches Relikt ist z. B. der *Marescalcus*[171], der Marschall des Königs, dessen Funktion sich aus einem der vier alten germanischen Hausämter entwickelt hat[172], sowie der *Compalatius* (comes palatinus oder palatii), der in unserer Quelle als hoher Beamter über den neapolitanischen Judices steht[173]. Nachdem diese Würde frühzeitig in den langobardischen Teilstaaten des italienischen Südens eingeführt worden war, übernahmen ihn die Normannen 1139 für Neapel[174]. Normannischen Ursprungs sind ohne Zweifel auch der *Justitiarius* und der *Camerarius* der Constitutionen, deren Amt König Roger II. im ganzen Lande eingeführt haben soll[175].

Das Institut der *Justitiare* begegnet bei den französischen[176] und bei den englischen[177] Normannen und hat hier wie dort die gleichen Aufgaben[178]. Neben der Bezeichnung „justitiarius" kommt in einigen Constitutionenhandschriften die Form „justitia" vor[179], die ebenfalls in den normannischen Ländern bezeugt ist[180] und wohl die ursprüngliche Form des Namens darstellt. Die Feststellung, daß der Titel „justitiarius" sich von „justitia" herleite, trifft die französisch-normannische Summa[181] ebenso wie der Liber Augustalis[182]. Dem höchsten Justitiar hat Friedrich II. den römischen Titel „magister" beigelegt[183], der für die französischen und englischen Normannen nicht bezeugt ist[184]. Den „partes" oder Bezirken des anglo-normannischen Reiches, über die Heinrich II. je drei „justitiarii itinerantes" setzte[185], die auch Glanvilla kennt[186], entsprechen die „regiones"[187] oder „provinciae"[188] der Constitutionen von Melfi, deren justitiarii den Beruf haben, „provinciam circumire"[189]. Nach den Worten des Kaisers müssen sie „continua discursione"[190] die Städte und Orte ihrer Gerichtsbarkeit besuchen. Auch in der französisch-normannischen Summa wird für den justitiarius superior das Verbum „discurrere" gebraucht. Es heißt von ihm, er habe „discurrens per Normanniam" alle drei Jahre „singulas partes Normannie et ballivias" besucht[191]. Die englische Magna Charta bestimmt die Entsendung von zwei Justitiaren viermal jährlich in jede Provinz[192]. Wir sehen also allenthalben die Justitiare in eigens ihnen zugewiesenen Bezirken in gewissen regelmäßigen Abständen die Aufsicht über das Gerichtswesen führen. Eine Assise von Capua hat bereits die folgende Bestimmung des Liber Augustalis vorbereitet[193]. Kein Prälat, Graf oder Baron darf danach das Amt eines Justitiars in seinem eigenen Gebiet ausüben[194]. (Übrigens ist diese Bestimmung mit römischen Rechtsworten durchsetzt[195].) Sie verfolgt die gleiche Absicht wie c. 21 der englischen Placita coronae regis von 1194, das besagt: „Nullus vicecomes sit iustitiarius in vicecomitatu suo nec in comitatu[196]." Und wenn dem Magister Justitiarius das Gericht des Justitiarius Regionis ledig ist, wann immer er dessen Bezirk besucht[197], so haben wir auch darin germanisch-rechtlichen Brauch vor uns. Schon im fränkischen Reich wurden die staatlichen Gerichte

„durch die Anwesenheit des Königs oder des Königsboten niedergelegt“[198]. Dem Deutschen König bzw. dessen Stellvertreter wurden auf Grund seiner umfassenden Gerichtsgewalt an allen Orten, wo er sich aufhielt, die Gerichte ledig. Das höhere Richteramt hebt nach deutschem Recht die Befugnis des niedrigeren auf[199].

Auch die *Zuständigkeit des höchsten Justitiars* und seines Gerichtes entspricht altem Normannenbrauch. Es sollen nämlich von ihm abgeurteilt werden alle Verbrechen, die Körper- oder Todesstrafen nach sich ziehen: „de quibus convicti poenam sui corporis vel mutilationem membrorum sustinere deberent“[200]. Ähnlich sagt die französisch-normannische Summa: „unde vite vel membrorum reportare debeant damnamentum“[201], und der anglo-normannische Glanvilla: „que ultimo scilicet puniantur supplicio aut membrorum truncatione“[202]. Auch in dem fränkischen Recht von Outre-Mer kennt man den Verlust von „vie ou membre“[203]. Es handelt sich hier um die germanisch-rechtlichen Strafen an „Hals und Hand“. Die Kataloge der Placita ducis in den normannischen Quellen[204] decken sich zum Teil mit der Verbrechensserie, die der Liber Augustalis als Beispiele für die Zuständigkeit des Justitiars anführt[205]. Zu diesen Verbrechen gehören die latrocinia (Stat. et Cons.: roberia[206]; Très ancien Coutumier: roberie[207]; Summa: robatores[208]), die fracturae domorum (Stat. et Cons.: infractio domus[209]; Très ancien Coutumier: briseure de mesons[210]), die insultus excogitati (Stat. et Cons.: assultus excogitatus[211]; Très ancien Coutumier: asaut[212]), die incendia (Stat. et Cons.: incendium[213]; Très ancien Coutumier: arson[214]; Summa: incendiarios[215]), die vis mulieribus illata (Stat. et Cons.: De femina per vim stuprata[216]; Très ancien Coutumier: De fame prise par force[217]; Summa: injuriosos virginum defloratores[218]). Die von den Constitutionen ebenfalls an dieser Stelle[219] genannten „arma moluta“ stehen nicht in den alten normannischen Katalogen. Doch begegnen sie in anderem Zusammenhang in den Statuta et Consuetudines[220] und im Très ancien Coutumier[221]. Übrigens finden sie sich auch bei Philippe de Navarre im Königreich Jerusalem[222]. Es handelt sich dabei um einen alten französischen Rechtsausdruck, „arme esmolue“ (von „esmoldre“ = anspitzen, schärfen[223]). Noch Beaumanoir setzt die „armeure molue“ neben das „coutel apointé“[224]. Bei der Behandlung der einzelnen Verbrechen wird unten[225] noch näher auf sie einzugehen sein.

Trotz solcher Gleichheit der Zuständigkeit der hohen Justitiare und trotz der teilweise übereinstimmenden Verbrechenskataloge ist jedoch darauf hinzuweisen, daß das germanisch-rechtliche Element dieser Bestimmungen gegenüber den normannischen Entsprechungen abgeschwächt erscheint. Bei dem insultus z. B. kennen die französisch-normannischen Statuta et Consuetudines verschiedene Arten, von denen unsere Constitutionen nur mehr den „insultus excogitatus" nennen. Kein Wort z. B. von dem „insultus ad carrucam"[226], der in der Normandie einen schweren Friedensbruch darstellte: „carruca enim in pace ducis est et protectione"[227]. Keines von dem „insultus pacis"[228]. Auch die „roberia per pacem facta", die „roberie fete en tens de pes"[229], ist nicht übernommen. Hinzu kommt, daß diese Bestimmungen im Liber Augustalis eingerahmt sind von Sätzen, die mehrere römisch-rechtliche Phrasen („officium debet esse gratuitum"[230], „pretii venalitate mercari"[231]) und eine Reihe römischer Rechtsworte enthalten. So sind z. B. die „crimina maiestatis"[232] eingefügt, und auch die „vis mulieribus illata"[233] ist eine römische Formulierung. Germanisch-rechtlicher Einfluß ist also hier wie auch sonst oft in den Constitutionen mit römischen Rechtsvorstellungen durchtränkt.

Der *Camerarius* des Liber Augustalis, afrz. chamberier[234], ist gewissermaßen eine Fortbildung des germanischen Hausamts des Kämmerers oder Verwalters des Hausgutes. In der Normandie ist unter Heinrich I. schon ein „ministerium camere curie" belegt, ein Hofkammeramt[235]. In Sizilien soll das Amt der camerarii, camerariatus officium[236], von König Roger II. gestiftet worden sein. Romuald von Salerno sagt, das sei „pro conservanda pace" geschehen[237]. Diese Notiz deutet darauf hin, daß die Pflichten der camerarii trotz ihres engeren Namens nicht rein fiskalischer Natur gewesen sein können. Und wirklich entspricht dem auch, was die Constitutionen von Melfi über dies Amt aussagen. Zwar heißt es zunächst von den Kämmerern, sie sollten um den Vorteil des kaiserlichen Hofes[238] und um die Domänen besorgt sein und alle Rechte des Herrschers unverletzlich bewahren[239]. Bei freiem erbenlosem Nachlaß sollten sie diesen versteigern lassen und zwei Drittel des Erlöses der kaiserlichen Kammer zuführen. Falls sie es aber für vorteilhafter hielten, sollten sie zwei Drittel des Erbes direkt dem Fiskus zukommen lassen[240]. Von den Magistri Camerarii, deren Vorgesetzten, wird gesagt, es sei ihre Befugnis, die Abgaben für den Verkauf von Handelswaren festzusetzen[241]. Weiter haben sie nach den Constitutionen die baiulationes, die Amtsbezirke der Baiuli (untere örtliche Richter!), an diese zu verpachten[242] sowie den Amtseid der baiuli, judices und notarii loci entgegenzunehmen[243]. Schon nach den Assisen von Capua wird der „balivus" per ordinatos camerarios curie" eingesetzt[244]. Es wird auch als die Aufgabe der magistri camerarii herausgestellt, alle Arten von Zöllen und Abgaben zum größtmöglichen Vorteil des kaiserlichen Fiskus zu verpachten[245]. Ferner heißt es, sie seien gehalten, „frequenti discursione" die civitates und loca der baiuli zu besuchen[246], deren Tätigkeit zu kontrollieren und ihre etwaigen Fehler zu beheben[247]. Diese „frequens discursio" der magistri camerarii wird dahin näher definiert, daß sie alle vier Monate zu geschehen habe, und daß die magistri bei dieser Gelegenheit mit den unteren Richtern abrechnen und die von diesen gesprochenen Urteile kontrollieren müßten[248]. Die letztere Befugnis macht darauf aufmerksam, daß die camerarii zu ihren rein fiskalischen Aufgaben auch solche der Gerichtsbarkeit hatten. Und zwar stand ihnen eine eigene Jurisdictio in Zivilsachen (Lehnsstreitigkeiten ausgenommen[249]) zu, und sie durften auf Ersuchen ihrer baiuli auch in Prozesse eingreifen[250]. Weiter konnte man von einem unteren Gericht in erster Instanz an sie appellieren[251]. Dieser Doppelfunktion der camerarii als Fiskal- und Justizbeamte entspricht die Stellung der Offizialen des normannischen Exchequers, die ab Heinrich II. und Richard Löwenherz bezeugt ist. Auch sie sehen wir neben ihrer Tätigkeit für die Finanzen des Herzogtums in der Rechtsprechung tätig werden[252].

Normannischen Ursprungs sind endlich wohl auch gewisse Namen von Beamten, die den camerarii unterstehen, sowie die der Abgaben, die diese einzuziehen haben: der *foresterii*[253] (afrz. forestier), *portonarii*[254] und *passagerii*[255], des *forestagium*[256] (Abgabe für Passieren des Waldes mit Fuhrwerk), *passagium*[257] (Durchreisezoll für Vieh und Ware) und des *plateaticum*[258] (Gebühr für Passieren einer Straße). Die Worte passagium und plateaticum kommen auch schon in den Assisen von Capua vor[259]. Auch die *affidatura*[260], die alte Weidepacht, eine Schutz- und Sicherheitsgebühr für Hirt und Herden[261], auch pascuagium[262] genannt, die ursprünglich an den normannischen Vicecomes zu zahlen war, und das Wort *affidare*[263] = Weidepacht zahlen stammt schon aus der normannischen Zeit Süditaliens. In der Constitution über die affidatura finden sich übrigens im Zusammenhang mit dem Durchzug der Weidetiere noch einige latinisierte Worte altfranzösischen Ursprungs: somerarius (afrz. somier) = Führer eines Lasttiers, contrata (afrz. contrée) = Gegend, Provinz sowie diaeta (afrz. diete = Rast, Ruhe (allabendliche)[263a]; diaeta ist zwar auch im klassischen Latein, aber in anderer Bedeutung, belegt[264].

Die Vicecomites, die normannischen Amtleute[265], kommen im Liber Augustalis nicht mehr vor. Seit Roger II. sind *Baiuli* an deren Stelle getreten[266], die wir übrigens in der Normandie als „ballivi“[267] und — seit Heinrich II. — als „baillis“[268] neben den „vescuntes“[269] finden. In den verschiedenen Handschriften von Glanvilla lassen sich die unterschiedlichen Formen „ballius“, „baillius“, „baillivus“ und „ballivus“ nachweisen[270]. Die Magna Charta nennt diese Beamten „ballivi“[271]. In den Assisen von Capua begegnet uns zweimal der „balivus“[272]. Ihr Amtsbezirk wird in Sizilien als „baiulatio“ bezeichnet[273], in der Normandie als „baillia“[274] oder „ballivia“[275], in England als „ballia“, „baillia“, „bailliva" oder „balliva"[276]. Die sizilischen Baiuli sind untere örtliche Verwaltungsbeamte und Richter[277] und werden, wie schon gesagt wurde[278], von den Camerarii eingesetzt. Ursprünglich erhielten sie ihr Amt „in credentiam vel in extalium"[279], „in gabellam vel credentiam"[280], d. h. gegen eine Pachtsumme oder als Leihe. Friedrich II. verfügt, daß sie ein Gehalt bekommen sollen[281] (salarium, ein römisch-rechtlicher Begriff)[282]. Die speziell sizilische Form des Namens „baiulus" zur Zeit Friedrichs II. entspricht ohne Zweifel der französisch-normannischen und englisch-normannischen des „ballivus". Baiulus leitet sich her von vulgär-lateinisch bajulare, afrz. baillier = administrer, gouverner, posséder à bail, oder von dem durch Texte nicht belegten, doch phonetisch rekonstruierbaren bajulire, afrz. baillir, was ungefähr dieselbe Bedeutung hat[283]. Die französisch-normannische Form „bailli" läßt sich herleiten von baillif (bail + suff. if [ivu] = celui qui gère, administre[284]). Ballivus ist demnach dasselbe. (Aus dem in den Assisen von Antiochien[285] vorkommenden Wort „bailli" läßt sich nichts erschließen, da der uns erhaltene Text, wie weiter unten gesagt[286], eine Rückübersetzung aus dem Armenischen ist.)

Die Baiuli haben die niedere Gerichtsbarkeit in Zivilsachen (außer Lehnssachen) sowie die Befugnis, über „minima furta" und „offensa" zu urteilen, also eine Bagatellgerichtsbarkeit in Strafsachen[287]. Die im französischen Mutterlande übliche Assoziierung mehrerer niederer Verwaltungsbeamter wird in den Constitutionen von Melfi ausdrücklich abgelehnt. Sie legen vielmehr fest, daß an jedem Ort nur ein Baiulus sein solle, und daß sich nicht mehrere assoziieren dürfen „societatis occultae velamine"[288], wie das in Frankreich z. B. bei den „prévôts" häufiger der Fall war[289].

Untere Verwaltungsbeamte sind auch die *Castellani*[290] und *Servientes*[291] der Constitutionen von Melfi. Sie begegnen uns schon in den Assisen von Capua[292]. Der Castellanus entspricht dem afrz. chastelain[293]; die Servientes (afrz. servant[294]) entsprechen den „servientes"[295] in der Normandie und England und den „sergentes"[296] von Outre-Mer. Es sind das niedere Adelige mit kleinen und kleinsten Lehen[297] („serjanteriae"[298] in der Normandie und England), die den Castellani beigegeben sind. Übrigens nennen die griechischen Handschriften des Liber Augustalis sie ebenfalls σεϱγένται oder σεϱγέντιοι[299].

Auch der *Amtseid*, den die Camerarii und Baiuli schwören sollen, enthält neben römischen[300] germanische Elemente. Sie müssen sich verpflichten, „weder aus Liebe noch aus Haß", weder um Bitten noch um Geld Gerechtigkeit zu spenden[301]. Das Motiv des Hasses und der Liebe finden wir abgelehnt auch in der nordfranzösischen Summa: „amore si quidem, favore vel odio"[302], bei Philippe de Navarre im Königreich Jerusalem: „ce est par loier ou per amor ou par hayne“[303], und bei dem später liegenden französischen Beaumanoir: „si comme por amor ou il est pour haine[304].“

Zum Abschluß dieser Serie von Beamten und deren Funktionen ein Gesetz Friedrichs II., das sich an alle Offizialen wendet. Es verlangt, daß bei *Fuhren für königlichen Dienst,* für die von Beamten Tiere und Wagen beschlagnahmt werden, der festgesetzte Fuhrlohn an die Eigentümer der Tiere gezahlt werde[305]. Auch die Magna Charta kennt eine Bestimmung über diese Situation: Sie legt fest, daß kein Vicecomes oder Ballivus Pferde und Wagen eines freien Menschen für Fuhrdienste beschlagnahmen dürfe ohne dessen Einwilligung[306]. Die Neufassung der Charta von 1216 ändert dann diese Bestimmung dahingehend ab, daß die Einwilligung des Eigentümers nicht erforderlich sei, falls der festgesetzte Fuhrlohn entrichtet werde[307]. Diese Regelung dürfte der Anordnung Friedrichs II. in den Constitutionen entsprechen. Denn von dem Erfordernis einer Einwilligung des Eigentümers ist auch in Sizilien nicht die Rede.

Wir sehen, wie die Namen der Justitiarii, Camerarii, Baiuli sowie einer Reihe von niederen Beamten des Königreichs Sizilien auch in weiteren Staaten mit Beimischung normannischer Bevölkerung auftreten und wie verschiedene ihrer Aufgaben und Funktionen einander entsprechen. Gewiß ist gegenseitige Beeinflussung möglich und wohl auch anzunehmen. Wir dürfen aber bei den Constitutionen nicht außer acht lassen, daß solche Spuren normannischen Rechtsgutes sich hier fast immer in Zeugen römischer Rechtseinwirkung eingebettet finden. Praesides provinciarum[308], procuratores fisci[309], patronus fisci[310], Caesariani[311], actores[312], rationales[313], Libellensis[314] und andere Beamte römischen Ursprungs stehen denen normannischer Herkunft gegenüber, und viele ihrer Funktionen gehen nachweisbar auf römisches Recht zurück[315]. Selbst im Zusammenhang mit normannischen Namen finden wir zum Teil römisch-rechtliches Gedankengut. So, wenn die Baiuli ihr salarium erhalten[316], wenn feriae nach dem Codex Justinians bestimmt werden[317], wenn die Urteile aller Richter schriftlich abzufassen sind[318]; wenn Justitiare und Kämmerer römische Instruktionen über ihr Verhalten bekommen[319]; wenn sie nur ein Jahr lang ihr Amt ausüben dürfen und sich danach noch 50 Tage in der ihnen anvertrauten Provinz aufhalten müssen, damit etwaige Beschwerden gegen sie vorgebracht werden können[320], u. a. mehr. Und wenn schon die Richter kleinerer Orte und deren Notare auf ihre Kenntnis geschriebenen Rechtes geprüft werden sollen[321], so ist als gewiß anzunehmen, daß auch die Justitiare, Kämmerer und Baiuli über ein angemessenes juristisches Wissen verfügen mußten. Wie hätten sie sonst den Vorschriften des römischen Rechtes, die man ihnen in den Constitutionen gab, genügen können?

Warum aber behielt man normannische Namen für obere Beamte bei, wenn man doch eine neue Zeit römischen Rechtes heraufbeschwor? Ohne Zweifel wohl dem normannischen Adel zuliebe, dessen Rechtsgefühl auf dem heimischen Recht basierte. Friedrich II. hat in seinen Constitutionen die „militia" als die Grundlage jeder Würde bezeichnet[322]. Zwar wurden unter Friedrich II. die höchsten Richterposten bereits mit Leuten besetzt, die die Rechte studiert hatten[323]. Und die neugegründete Universität Neapel war als Ausbildungsstätte für die künftigen Beamten des Reiches gedacht. Doch blieben nach wie vor auch dem normannischen Adel Stellen vorbehalten. Bei den Ämtern der Baiuli, Castellani und Sergentes ist das wohl anzunehmen. Übrigens darf man vermuten, daß in Sizilien wie auch in anderen Staaten des 13. Jahrhunderts der Adel bereits begann, seine Söhne im römischen Recht unterweisen zu lassen, um sie für höhere Staatsämter tauglich zu machen.

In dem *Verhältnis zwischen Staat und Kirche* sind für unser Thema zwei Verfügungen der Constitutionen über den *Gerichtsstand der Kleriker* bedeutsam, die im Sinne alter fränkischer Regelungen und normannischer Bestimmungen abgefaßt sind.

Schon im Fränkischen Reich hatte der König bei todeswürdigen Verbrechen die weltliche Gerichtsbarkeit auch über Kleriker behauptet[324]. Der englische König Heinrich II. bestimmte in den Constitutionen von Clarendon (1164): „Clerici ... venient in curiam regis responsuri ibidem de hoc, unde cidebitur curie regis, quod ibidem sit respondendum ..."[325] Mit „hoc" können auch da nur schwere Vergehen gemeint sein. Dementsprechend weist Wilhelm II. von Sizilien, und Friedrich hat das in seinen Liber Augustalis aufgenommen, darauf hin, daß bei kriminellen Vergehen von Klerikern „de hoc, quod ad maiestatem Nostram spectat", die curia des Königs, das Gericht des Magister Justitiarius, zu urteilen habe, und spezifiziert das „hoc" dahingehend, daß er „Verrat" oder „ein anderes großes Verbrechen" als hierher gehörig aufzählt[326]. Die *Kompetenz kirchlicher und weltlicher Gerichtsbarkeit* regelt weiter ein Gesetz König Wilhelms II. über die Bestrafung von Ehebruch, in dem er die *Aburteilung des Ehebruchs* in dem Teil, der die Kirche angeht: „quod spectat ad judicium ecclesiae", dieser zuweist, bei Fällen aber, die mit „insultus" und „violentia" gekoppelt sind, also eine Gewalttat betreffen, den weltlichen Gerichtshof für zuständig erklärt[327].

Auch mit der Feststellung der Constitutionen, daß *für jede possessio und jedes tenementum eines Klerikers, das nicht Kirchengut ist, der König bzw. der betreffende territoriale Gerichtsherr zuständig* sei, von dem er das Land halte[328], entspricht König Wilhelm II. normannischem Brauch. In

England hat Heinrich II. in den Constitutionen von Clarendon denselben Grundsatz ausgesprochen[329]. Und auch die normannische Summa nimmt, „in quantum exigit feodum laicale“[330], den Kleriker für das weltliche Gericht in Anspruch.

IV

In den wenigen Gesetzen der Constitutionen von Melfi, die privatrechtlichen Inhalt haben oder in denen verstreut *Privatrechtliches* vorkommt, begegnen wir auf Schritt und Tritt dem Einfluß römischen Rechtes[331]. Die Spuren normannischen Privatrechtes aber bestehen in einigen wenigen Rechtsworten, und es wird kaum etwas über sie ausgesagt.

Auf das *Bodenrecht* beziehen sich *„burgensaticum“* und *„hereditagium“*. Der latinisierte Ausdruck *„burgensaticum“* tritt in einer durch römischrechtliche Rechtsworte gefärbten Umgebung auf[332]. Er entspricht wohl dem „burgagium“[333] (bourgage)[334] der Normandie, den „bourgesies“ oder „borgesies“ der Quellen von Outre-Mer[335]. Die französisch-normannische Summa de legibus definiert es: „Per burgagium autem tenentur alodia et masure in burgo constitute burgorum consuetudines retinentes[336].“ Und an einer anderen Stelle desselben Buches heißt es: „De teneuris per burgagium sciendum est quod possunt vendi et emi, ut mobile, sine consensu dominorum, et costume de eisdem debent reddi secundum consuetudinem burgorum[337].“

Es handelt sich also bei dem normannischen „bourgage“ ursprünglich um in Städten gelegenes, schon frei veräußerliches („possunt vendi et emi ... sine consensu dominorum“) Leihegut an Boden und Häusern, von dem der Leiheberechtigte aber noch einen gewissen niedrigen Zins zu zahlen hatte („burgorum consuetudinem retinentes“; „et costume de eisdem debent reddi secundum consuetudinem burgorum“[338]). Auf sizilischem Boden scheint sich das Institut, wie übrigens auch in der Normandie des 13. Jahrhunderts[339], allmählich zu freiem Eigen gewandelt zu haben[340]. Die einzige Stelle des Liber Augustalis, die den Begriff burgensaticum bringt, kennt die römisch-rechtliche Eigentumsklage, das „petitorium“ wegen bourgage[341]. Schon hier scheinen sich beide Begriffe zumindest angenähert zu haben. Den Beweis für die Gleichsetzung von burgensaticum mit freiem Eigen bringt dann ein Gesetz Friedrichs II., das die Umarbeitung einer älteren Urkunde Rogers und Wilhelms II. darstellt[342]. Wo die ursprüngliche Fassung noch „burgensatica“ setzte, gebraucht Friedrich die Formulierung: „possessiones patrimoniales sive hereditarias“[343]. Es handelt sich bei dieser Urkunde um das Verbot der Veräußerung von burgensatica an kirchliche Anstalten und Ritterorden. Übrigens gab es eine solche Bestimmung auch im Königreich Jerusalem[344]. Auch hier macht sich ein Wandel im Begriff „borgezie" bemerkbar: das Abrégé verwendet in der Überschrift zu Buch I Kapitel 21 das Wort „borgezies", im Text aber „borgezies" und „héritages" gleichwertig nebeneinander[345], wie es das auch sonst tut[346]. Zur Zeit des Abrégé scheinen beide Begriffe also dasselbe zu bedeuten. MITTEIS setzt die Assises des Bourgeois, die Grundlage des Abrégé, wie GRANDCLAUDE auf die Mitte des 13. Jahrhunderts an[347].

„Hereditagium" ist ebenfalls ein latinisiertes altfranzösisches Wort (afrz. heritage von dem mot savant herediter[348]). Dieser Ausdruck bedeutet soviel wie: Immobilien zu freiem Eigen (im Gegensatz zum Lehen). In den Constitutionen von Melfi kommt er an drei Stellen vor und ist dort jedesmal im Gegensatz zu den Worten „feudum" oder „feudale" angewandt[349]. Rücksicht auf den Brauch des normannischen Adels scheint die Wortwahl auch hier bestimmt zu haben.

Erwerb und Verlust von Eigentum wird je einmal mit den Worten *„saisina"* (afrz. saisine = sais + Suffix —in[350]) und *„dissaisina"* (afrz. desaisine von de + saisine[351]) bezeichnet. „Saisina" findet sich in dem bereits erwähnten inserierten Breve Friedrichs II. zugunsten der Söhne von Klerikern[352]. Der Natur des Breve gemäß ist der Ausdruck „in saisinam... immittas" wohl formelhaft gebraucht und entsprechend dem dafür üblichen Formular im Liber Augustalis erhalten geblieben. Als „saisina" begegnet uns das Wort auch in den französisch-normannischen Statuta et Consuetudines und in der Summa de legibus[353] sowie bei dem englisch-normannischen Glanvilla[354]. Als „saisine", „saizine" ist es auch in den Assisen des Königreichs Jerusalem belegt[355]. Außer dem Substantiv bringen die Statuta et Consuetudines noch die verbalen Formen „resaisire" und „saisitus"[356], Glanvilla das Partizip „saisiatus"[357]. Von der Entwertung wird in den Constitutionen gesagt, daß ehemals ein „Franke" (also ein Normanne) nach der Verstreichung der Frist von Jahr und Tag nicht mehr wegen „dissaisina" klagen konnte[358]. Diese Frist ist von Friedrich II. zugunsten der römischrechtlichen Verjährungsfristen beseitigt worden[359]. Die Statuta et Consuetudines sowie die Summa haben für die Entwerung ebenfalls den Ausdruck „dissaisina"[360], der Très ancien Coutumier „dessesine"[361]. In England gebraucht Glanvilla „deseisina"[362], die Magna Charta „dissaisina"[363]. In Philippe de Navarre läßt sich die „dessaisine"[364], im Abrégé die „desaizine"[365] nachweisen. Zweimal bringen die Constitutionen von Melfi auch das Verbum *„dissaisire"* = entweren, und zwar bei der Entwerung des Lehnsmannes durch richterlichen Spruch, „exguardium"[366] (afrz. esgart mit dem Verb esgarder) und bei der Androhung dieser Entwerung für die Lehnserbin, die der Ladung zum Dienst nicht nachkommt[367]. „Dissaisire“ kommt übrigens auch in den Statuta et Consuetudines vor[368] und bei Glanvilla als „desaisiare“[369].

Aus dem *ehelichen Güterrecht* begegnet in den Constitutionen von Melfi die alte fränkische dos oder das dotalitium[370], aber auch das fränkisch-normannische *„dotarium“*, das Wittum oder Leibgedinge der Ehefrau (afrz. douaire), und zwar im Zusammenhang mit den Rechten der Ehefrau bei „foriudicatio“, Friedloslegung des Mannes[371]. Es steht an dieser Stelle gleichberechtigt neben den Ausstattungen anderer Rechte, der langobardischen Quarta, der lateinischen dos, der griechisch-römischen donatio propter nuptias; ein Umstand, der wohl darauf hinweist, daß im ehelichen Güterrecht das germanische Personalitätsprinzip der Rechte in staufischer Zeit noch in Gültigkeit war. (Im Lehnrecht kommt das dotarium mehrfach vor[372]. Es wird in diesem Zusammenhang unten noch besprochen werden[373]. Daß es sich bei dem normannischen „douaire“ um ein Drittel des Mannesvermögens handelt, wird ebenfalls unten zu erweisen sein.) Der Très ancien Coutumier nennt das dotarium „doere“[374], Geoffroy le Tort und der Abrégé im Königreich Jerusalem bezeichnen es als „douaire“[375]. Die ältesten französisch-normannischen Statuta et Consuetudines sowie die spätere Summa de legibus gebrauchen jedoch das lateinische Wort dos[376] ebenso wie in England Glanvilla und die Magna Charta[377].

Bei den Gesetzen des Liber Augustalis, die *Handel und Gewerbe* betreffen, weisen einige wenige Worte auf die Möglichkeit französischen Einflusses hin. Die *„stationarii“* der Verfügung über das Arzneiwesen[378] (afrz. etassouniers[379]) sind nach Comte Beugnot „marchands en boutique“[380], Händler (hier: Apotheker), die in Buden ihre Ware (hier: Arzneien) feilhalten. (Im römischen Recht bezeichnet stationarii nicht Händler, sondern Grenzsoldaten[381].) Sie begegnen auch in den Assises de la Cour des Bourgeois von Jerusalem[382]. Die *„electuaria et syrupi“*, die diese Apotheker gemäß den Vorschriften des Gesetzes zu verkaufen haben, entsprechen den altfranzösischen „laituaire“, Latwerge[383], d. h., es sind breiförmige Arzneien, und dem altfranzösischen, aus dem Arabischen herstammenden Ausdruck „sirop“[384], d. h., es handelt sich um eingekochte, zuckrige Heilsäfte, die ebenfalls in den obigen Assisen begegnen[385]. Auch die Meßrute, *„canna“*, von der in der Verfügung über die Gesundheit der Luft[386] und in zwei anderen über Maß und Gewichte der Kaufleute[387] die Rede ist, haben wir im Altfranzösischen als „cane“ belegt[388]. (Im klassischen Latein ist canna allgemein das Rohr oder ein aus Rohr gefertigter oder rohrähnlicher Gegenstand[389].) In einer großen Gewerbeordnung Friedrichs II. findet unter den Kunsthandwerkern der *„lormerius"* (neufrz. lormier) Erwähnung, der Pferdegeschirre anfertigt[390]. Von ihm wird verlangt, daß er seine Arbeiten, „prout melius poterit", nach bestem Wissen und Können, ausführe. Und die Sattel- und Schildmacher werden vermahnt, ihre Kundschaft wahrheitsgetreu über das von ihnen verwandte Material zu informieren, wenn sie die Ware mit *„guarnimenta"* (afrz. guarnement[391]), Verzierungen, versehen[392]. Niemand, so heißt es in diesem Gesetz, soll darüber im unklaren gelassen werden, ob er eine Verzierung aus einer „Legierung von Silber und Blei" oder aus „reinem Silber" erhält[393]. Es ist wohl kein Zufall, daß gerade bei Handwerkern, die sich mit der Ausrüstung der Ritter und ihrer Pferde befassen, latinisierte altfranzösische Worte im Text des Liber Augustalis auftreten. Auch die Becher, *cuppae,* aus Silber oder Gold, deren Metallgehalt genau geregelt wird[394] (vom altfrz. cope[394a]), gehen wohl in erster Linie an ritterliche Kunden.

V

Die normannischen Bestandteile im *Strafrecht* der Constitutionen von Melfi scheinen noch der alten rauhen Zeit zu entstammen, wo Normannen ihre nordfranzösische Heimat verließen, um sich im italienischen Süden eine neue Existenz zu gründen. Denn die *Strafen* im Königreich Sizilien sind hart. Sie erfüllen nicht bloß den Zweck einer Drohung und sind *nicht ablösbar durch Geld,* wie das seit dem 12. Jahrhundert in Frankreich gang und gäbe war[395]. Auch ist ihre Art und Höhe *nicht in das Belieben von Richtern oder auch des Herrschers gestellt,* oder doch nur in ganz seltenen Fällen[396], und zwar in Gesetzen, die von Roger II. übernommen sind. Die Assisen von Capua Friedrichs II. erwähnen wohl einmal die „merces curiae"[397]. Und in den Constitutionen will der Kaiser mit schlechten Verwaltern des königlichen Gutes verfahren, „prout Nostro beneplacito residebit"[398]. Das „arbitrium" einer späten Novelle aber hat damit nichts zu tun: Es entscheidet über Abhalten oder Nichtabhalten einer Inquisition, wegen der eine Relation an den Kaiser ergangen ist, nicht über den Ausgang eines Strafprozesses[399]. Für die „misericordia", „la merci", die in ihrer Höhe ins Belieben des Herrschers (oder eines hohen Beamten) gestellte Strafe, die im Recht der französischen und englischen Normannen eine große Rolle spielt[400], übrigens gelegentlich als „merci dou seignor" auch in den Assisen von Jerusalem vorkommt[401] und wahrscheinlich in denen von Antiochien[402], ist im Liber Augustalis grundsätzlich kein Platz.

Ein ähnlich hartes Strafrecht wie in Sizilien tritt uns im allgemeinen auch im fränkischen Recht des Königreichs Jerusalem entgegen. In beiden Fällen haben wir es mit dem Recht einer adeligen Minderheit zu tun, die glaubte, nur durch straffe Erhaltung alten strengen Brauchs und durch kräftige Zucht ihre Lebensfähigkeit bewahren zu können, und darum an dem rauhen Recht festhielt, das sie bei der Eroberung mitgebracht bzw. gesetzt hatte.

Neben der im übrigen römisch-rechtlichen Terminologie für *Verbrechen*[403] findet sich in einem einzigen Gesetz des Liber Augustalis (Wilhelm II.) noch der germanisch-rechtliche Ausdruck *„forisfactum"*[404] (afrz. forfait = acte en dehors du devoir[405]), den die alten normannischen Consuetudines et Justicie Wilhelms des Eroberers für den Begriff der Missetat verwenden[406]. Diese kennen auch ein dazu gehöriges Verbum „forisfacere"[407] wie übrigens auch das Konzil von Lillebonne (1180)[408]. Die Statuta et Consuetudines setzen ebenfalls gelegentlich noch „forisfactum"[409]. Beide Worte finden sich auch in der englischen Charter of Liberties Heinrichs I.[410] und bei Glanvilla[411]. Die normannischen Coutumes wenden aber im allgemeinen den Ausdruck forisfactum schon nicht mehr an: Sie gebrauchen das Wort „malefactum"[412] für Verbrechen und „malefactor"[413] für den Verbrecher. (In der altfranzösischen Fassung des Très ancien Coutumier steht „mesfet"[414], „malfetors"[415], „malfeteurs"[416].) Auch die Assisen von Outre-Mer haben die entsprechenden Ausdrücke „maufait"[417], „malesfaites"[418], „maufaitours"[419].

Es ist wahr, daß die *germanische Idee des Friedens* in den Constitutionen von Melfi eine gewisse Rolle spielt[420]. „Laudabilis pax" hatte bereits unter den Tancredsöhnen in Süditalien geherrscht[421], so daß man damals schon, wie es in einer Quelle heißt, kaum noch latrones dort hätte finden können[422]. NIESE hat sogar annehmen wollen, Roger I. habe bereits etwa 1091 einen Landfrieden für das gesamte Herrschaftsgebiet gesetzt[423]. Aber die Quellen berichten zwar, die Normannen hätten in den von ihnen eroberten Städten sogleich die „pax ducis" verkündet, die sich vor allem gegen Plünderer, Räuber und Mörder richtete[424], ein Landfrieden für das ganze Reich ist indessen nicht ausdrücklich belegt. Vielmehr ist wohl eine allmähliche Ausbreitung der „pax ducis" anzunehmen[425].

König Roger II., „pacis firmamentum"[426], vertiefte den Frieden, indem er sich Rudimente eines Landfriedens, furtum und latrocinium betreffend, von seinen Grafen und geistlichen Würdenträgern ausdrücklich beschwören ließ, nachdem er ganz Apulien unter seine Herrschaft gebracht hatte[427]. Derselbe Roger soll „perfecte pacis tranquillitate potitus" Kämmerer und Justitiare in seinem Reiche eingesetzt haben „pro conservanda pace"[428].

Die germanische Friedensidee hatten die normannischen Einwanderer bereits aus der Heimat mit nach Süditalien gebracht. Schon von Rollo sagt Guillaume de Jumièges, er habe sein Volk „zu friedlichem Zusammenleben gezwungen“[429] und ein Verbot gegen Diebstahl und Raub erlassen[430]. „Quievit terra vacua furibus et latronibus“ berichtet Dudo von St. Quentin[431]. Die legendäre Geschichte von der grausamen Ahndung eines Pflugraubes, die sich um Rollos Namen rankt[432], und die beispielhafte Erzählung von den kostbaren Armspangen, die er, in einem Haine lagernd, an einer Buche aufhing und dort zurückließ, ohne daß drei Jahre lang jemand gewagt hätte, sie an sich zu nehmen[433], weisen jedenfalls darauf hin, in welchem Grade der normannische Herzog zur Zeit Dudos die Friedenswahrung im Lande als seine Aufgabe angesehen haben muß. Auch dem Enkel Rollos, Richard I., wird von Guillaume de Jumièges die grausame Bestrafung eines Pflugscharraubes zugeschrieben[434]. In einer litanei-ähnlichen Aufzählung seiner sämtlichen Verdienste nennt Dudo diesen Richard „poena furum, detrimentum latronum“[435]. Wilhelm d. Eroberer schließlich und dessen Sohn Heinrich I. werden im Gegensatz zu dem schlafferen Robert Courteheuse als Fortsetzer solcher Tradition geschildert. Von dem Eroberer, der mit seiner machtvollen Persönlichkeit auch die ersten Bemühungen um den Gottesfrieden in der Normandie auf dem Konzil zu Vaucelles bei Caen unterstützte[436], heißt es: „Willelmi virtus patriae pacem peperit“[437]. „De fide et justitia servanda, de lege Dei et pace tenenda“ soll er sterbend die Umstehenden gemahnt haben[438]. Noch nach seinem Tode lobte man ihn, „weil er Diebe und Räuber gezüchtigt“ habe[439]. Heinrich I. wird „pacis justitiaeque cultor“ genannt[440]. Ordericus Vitalis berichtet auch, dieser König habe ausdrücklich eine regalis sanctio für die Normandie erlassen, wonach der Friede unverbrüchlich sei[441]. In seiner englischen Charter of Liberties betont er: „pacem firmam pono“[442].

Aus den angeführten Beispielen sehen wir, daß die Friedenswahrung in der Normandie und daran anschließend in England sich in erster Linie gegen furtum und latrocinium richtete, wie das auch bei Roger II. der Fall war. Die Verbindung der beiden Begriffe pax und tranquillitas — übrigens auch in der Normandie üblich[442a] — weist wie bei Roger ein Gesetz des Liber Augustalis auf, das auf einen der Wilhelme zurückgeht[443]. Friedrich II. koppelt statt dessen pax mit justitia[444], wie das seit Augustinus im Mittelalter üblich gewesen ist[445], und spricht von einem „cultus pacis“[446], einem „cultus justitiae“[447] in Anlehnung an römisches und alttestamentliches Vorbild[448].

Ohne die Idee des Landfriedens sind verschiedene Gesetze des Liber Augustalis nicht denkbar[449]. Doch wird in diesem Corpus der „Königsfriede“

nicht ständig erwähnt wie in den normannischen Quellen der Herzogs-(Königs-)friede[450]. Die „pax ducis (regis) infracta" oder „fracta"[451], das Verbrechen „per pacem", „in pace facta"[452], das bei den französischen und englischen Normannen jede Missetat verschärft, kommt in den Constitutionen von Melfi nicht vor. Nur Friedrichs frühe Assisen von Messina von 1221 verzeichnen einmal die Wendung: „pacem imperialem infringere"[453]. Eine einzige Stelle des Liber Augustalis, und zwar des Gesetzes über die nova militia (von König Roger II. übrigens übernommen), spricht davon, daß die Anmaßung ritterlichen Standes „contra regni beatitudinem, pacem atque integritatem" gehe[454].

Trotz dieser Einschränkung geht aus einigen Strafgesetzen, die sich vornehmlich an den sizilischen Adel wenden, klar hervor, daß die germanische Friedensidee ihre Grundlage ist. Das *Verbot der „guerra"*[455] z. B., der Privatfehde, läßt sich eindeutig auf normannische Vorbilder zurückführen. Wir finden ein Fehdeverbot bereits in den Consuetudines et Justicie Wilhelms d. Eroberers[456], in den Statuta et Consuetudines Normannie[457] und im Très ancien Coutumier[458]. Friedrich II. selbst hat das „guerram movere" schon in seinen frühen Assisen von Capua verboten[459]. Der comes, der baro und der miles werden in einem Gesetz des Liber Augustalis ausdrücklich angesprochen, und selbst die hier angewandte Floskel „seu quilibet alius" kann sich in diesem Zusammenhang kaum auf andere als adelige Leute beziehen[460]. Denn die „guerra" war nun einmal vorwiegend oder ganz ritterlicher Brauch. Die Strafe dafür aber ist genau festgesetzt und läßt Willkür oder Ermessen keinen Raum: „infiscatis bonis omnibus suis capite puniatur". Sie wird in römisch-rechtlichen Ausdrücken verkündet[461] und entspricht der antiken Vorstellungswelt.

In den Zusammenhang der Friedenswahrung gehört auch das *Verbot des Waffentragens*[462], das in kürzerer und summarischer Form bereits in den Assisen von Capua ausgesprochen ist[463], in unserer Quelle jedoch bis ins einzelne detailliert erscheint. Schon Wilhelm d. Eroberer verbot den französischen Normannen, „portare vel arma vel equum ducere"[464]. König Wilhelm II. hat für Sizilien auch ein diesbezügliches Verbot ausgesprochen[465].

Eine besondere Rolle bei den verbotenen Stücken der Waffenrüstung spielen im Liber Augustalis die sogenannten *„arma moluta"* oder *„molita"*[466] (afrz. arme esmolue von esmoldre; esmolu ist Partizip = spitz, angespitzt[467]), näher erläutert als „cultelli cum punctis" (afrz. coutel)[467a], spitze Messer. Die Assisen von Capua verbieten das Tragen des „cultellus acutus"[468], was dem wohl entspricht. Diese Art von Waffen, heißt es in den Constitutionen, darf nur von Höflingen und deren Begleitern auf der

Fahrt von und zum Hofe sowie von Rittern und reisenden Kaufleuten getragen werden und ist nach der Ankunft am Bestimmungsort sogleich abzulegen[469]. Ihr widerrechtlicher Gebrauch — außer im Falle der Notwehr[469a] — gehört zu den schweren Verbrechen, die von den Justitiaren abzuurteilen sind[470]. „Insultare armo moluto“ spielt schon in den Statuta et Consuetudines Normannie eine Rolle[471]. „Arme esmolue“ nennen sie der Très ancien Coutumier[472] und Philippe de Navarre[473]. Neben diesen gefährlichen Waffen wird auch „lancea“, die Lanze, genannt, die mitzuführen schon in den Assisen von Capua verboten wird[474], und „lorica“, der Panzer[475], den auf Fehdezügen anzulegen bereits Wilhelm d. Eroberer seinen französischen Untertanen untersagt hat[476]; die Assisen von Capua erwähnen ihn gleichfalls[477].

Ein normannisches Rechtswort ist auch *„mellede“* (afrz. meslée[478]), das im Liber Augustalis vorkommt zur Verdeutlichung eines römisch-rechtlichen Ausdrucks: „rixas, quae vulgariter mellede dicuntur“[479]. Es besagt soviel wie: unbeabsichtigte Schlägerei, Keilerei und begegnet im gesamten normannischen und fränkischen Rechtskreis in gleicher oder leicht abgewandelter Form[480]. Noch heute gibt es im Englischen das französische Lehnwort mêlée[481]. Der altfranzösische Ausdruck „home meslis“ für den Mann, der Händel sucht, begegnet in den Quellen des Königreichs Jerusalem[482]. In den Constitutionen von Melfi findet er sich nicht.

Unter den Verbrechen, die der Zuständigkeit des Justitiars unterstehen, werden noch zwei weitere Begriffe genannt, die auch in anderen normannischen Rechten auftreten: *„insultus excogitatus“* und *„fracturae domorum“*[483].

„Insultus excogitati“ heißt soviel wie: geplante Angriffe. Die Constitutionen setzen zweimal auch „insultus“ allein[484]. Schon Wilhelm d. Eroberer verbot in seinen Forsten das „assailire“[485], ebenso ein Canon des Konzils von Rouen von 1096[486]. Der „assultus premeditatus“ ist auch ein Verbrechen bei den englischen Normannen[487]. Einem entsprechenden Ausdruck begegnen wir in den Statuta et Consuetudines Normannie mit „assultus excogitatus“[488]. Im übrigen aber unterscheiden die normannischen Coutumes noch eine Reihe weiterer „assultus“: die „inter quatuor perticas domus“[489], „infra porprisium domus“[490], „ad carrucam“[491], „in via regia“[492], „in itinere ad curiam regis“[493], die alle als Bruch des Friedens gelten. Darum sprechen sie auch von „insultus pacis“[494]. Diese Formulierung wählt auch der Très ancien Coutumier, wenn er „assaus de pes“[495] verwendet. Dasselbe Vergehen hat wohl Glanvilla im Auge, wenn er der königlichen Gerichtsbarkeit das „placitum de pace domini regis infracta“ zuschreibt[496]. Möglicherweise klingt der normannische „assultus ad carru-

cam" an in dem „bos ablatus" der Constitutionen[497], wohl dem ausgespannten Pflugochsen des Pflügers. Der besondere Frieden, den in der Normandie Pflug und Pflugtiere genossen, ist uns früh durch Dudo von St. Quentin bezeugt[498] sowie durch das Konzil von Rouen, das als „perpetua in pace" befindlich „boves et equi arantes, et homines carrucas ducentes, et herceatores (Egger), et equi de quibus herceant, et homines ad carrucas fugientes"[499] aufzählt. Übrigens hat Friedrich II. bereits in sanctiones von 1220 die „agricultores" als „securi" bezeichnet sowie auch die „boves" und die „agrorum instrumenta"[500].

Die *„fracturae domorum"*[501], die gewaltsamen Einbrüche des Liber Augustalis, gehören in denselben Zusammenhang wie die „insultus excogitati". Sie stellen ebenfalls einen Bruch der Friedensordnung dar. Auch die normannischen Coutumes erwähnen dies Verbrechen, „infractio domus"[502], „briseure de mesons"[503], unter anderen germanisch-rechtlichen Vergehen. Doch da die Constitutionen von Melfi an anderen Stellen in unzweifelhafter Anspielung auf römisches Recht den qualifizierten Diebstahl behandeln[504], besteht hier die Möglichkeit auch römischen Einflusses, wie ich bereits früher[505] angedeutet habe.

Eine alte Forderung der normannischen Friedensordnung war ferner *der erhöhte Frieden der Pilger.* Hatte Wilhelm d. Eroberer bereits streng verboten, „peregrini" wegen früherer Vergehen zu behelligen, und dafür mit Leibesstrafen gedroht[506], hatte das Konzil von Rouen die Pilger als „perpetua in pace" befindlich bezeichnet[507], so gebietet Friedrich II., Kaufleute doppelt zu strafen, die sich eines Betrugs an Pilgern schuldig gemacht haben[507a].

Keinen Bruch der Friedensordnung begeht der *Mann, der auf der Reise sein Pferd oder seine Packtiere* an der Grenze zum fruchttragenden Land *weiden läßt,* wenn ihre Vorderfüße auf dem Acker, die Hinterfüße auf dem Weg stehen: viator reficiens animalia sua in via[508]. Der Liber Augustalis sagt, das sei in einigen Gegenden des Königreichs so Sitte. Bei diesem „Notstandsrecht"[508a], das den Eingriff in fremdes Eigentum gestattet[508b], handelt es sich um eine unzweifelhaft „gemeingermanische Gewohnheit, auf die schon Amira aufmerksam gemacht hat[508c]: „das beschränkte Recht des Wegfährtigen, sich von fremden Früchten zu verköstigen". Das nordische Recht der Graugans hat diesen germanischen Brauch überliefert[508d], das langobardische Lehnrecht kennt ihn[508e], und auf deutschem Boden ist er durch die Treuga Henrici (1230)[508f] sowie durch den Sachsenspiegel bezeugt[508g].

Die Verbrechen der Entführung und Notzucht stehen in den Constitutionen von Melfi im ganzen unter römisch-rechtlichen Aspekten[509]. Mehrere Regelungen normannischen Ursprungs: Beweis dieser Untat durch Zweikampf[510], Straflosausgehen des Täters bei nachfolgender Heirat[511], sind hier außerdem ausdrücklich beseitigt[512]. Die starke Betonung des *„clamor“* jedoch in einem Gesetz Wilhelms II., der „quam citius“ zu erfolgen habe, spätestens aber innerhalb von acht Tagen, falls nicht gewaltsame Behinderung nachgewiesen werde[513], scheint aber noch unter germanisch-rechtlichem Einfluß zu stehen. Auch eine Verordnung Friedrichs II. erwähnt das Hilfegeschrei der überfallenen Frau[514]. Allgemein ist der clamor im germanischen Mittelalter die Voraussetzung für Gewalttat[515]. Daß auch Eile[516] geboten ist, scheint ebenfalls germanisches Recht zu sein. Der germanisch-beeinflußte[517] aragonesische Fuero von Jaca (älteste Abschrift 1100 ff.) verlangt, daß das Klagegeschrei innerhalb von drei Tagen erfolge: „Post tres dies transactos si clamare se voluerit, nichil ei valeat“[518]. Und der kastilianische Fuero Viejo (2. Hälfte 13. Jh.) bestimmt, daß die vergewaltigte Frau an demselben Orte, oder bei unbewohnter Gegend im ersten Orte, wohin sie kommt (also möglichst sofort), ihr Gerüft erheben solle[519]. In ähnlicher Weise verlangen die normannischen Statuta et Consuetudines, das geschändete Mädchen müsse den clamor erheben, „quam citius poterit“, und „in continenti festinare ad primam justitiam Ducis“[520]. Der Très ancien Coutumier übersetzt das so: „Il convient que elle crit . . . e des que la mechine porra, elle doit aler a la premiere justice le duc“[521]. Auch Glanvilla betont die Notwendigkeit der Eile: „mox, dum recens fuerit maleficium“, heißt es bei ihm, und „in der nächsten Ortschaft“ müsse die betroffene Frau den Beweis solcher Tat „vor rechtschaffenen Menschen“ erbringen[522].

Germanisch-rechtlichen Ursprungs ist ohne Zweifel auch das Gesetz über die *Hilfepflicht bei Notzucht*[523]. Schon die alten Statuta et Consuetudines deuten diese an, wenn sie fordern: „Oportet . . . vicinos clamorem audisse, raptor tenebitur, capere si possint[524].“ Es handelt sich beim Versagen solchen Beistandes um eine Sonderform der Beihilfe zum Verbrechen, die dem deutschen Mittelalter ebenfalls bekannt war[525]. Ich habe jedoch bereits an anderer Stelle darauf hingewiesen, daß alle im Liber Augustalis aufgezählten Entschuldigungsgründe bei Nichtbefolgen wörtlich Bestimmungen des römischen Rechtes über die Hilfepflicht von Sklaven gegenüber ihrem Herrn entnommen sind[526]. Übrigens stellen die Constitutionen auch die unterlassene Hilfeleistung bei Brand, Hauseinsturz und Schiffbruch unter Strafe[527].

Das von Friedrich II. anerkannte *Gesetz* Wilhelms II. des Guten *zum Schutze auch der Huren vor Vergewaltigung*[528] hat seine Parallele ebenfalls im Recht der Heimat, obwohl es von römisch-rechtlichen Worten und

Phrasen durchsetzt ist[529]. In den Statuta et Consuetudines findet sich nämlich der Passus: „Si aliquis meretricem per vim rapuerit et precium ei dare noluerit, de omnibus catallis suis erit in misericordia Ducis[530]"; im Très ancien Coutumier: „Se aucuns prant fole fame par force ...[531]". Übrigens enthält schon ein aus König Rogers II. Vaticanischen Assisen entnommenes Gesetz den Satz: „Violentiam tamen eis ingeri prohibemus[532]."

Die Bezeichnungen für *Strafen* und deren Anwendung bei bestimmten Delikten sind in den Constitutionen von Melfi zumeist vom römischen Recht beeinflußt[533]; doch finden sich auch hier einzelne Anklänge an germanisch-rechtliche Bestimmungen.

Unzweifelhaft ist das der Fall bei der *spiegelnden Strafe,* die das Gesetzbuch den Kupplerinnen für die Vermittlung von Frauen, „quae a nemine custoditae sunt", zudiktiert[534]. Denn eine *mit Brandmarkung verbundene Prügelstrafe* ist im römischen Recht nicht belegt[535]. Im deutschen Recht kommt sie häufiger vor[536]. Auch das „publice fustigari" des betrügerischen Kaufmanns, der falsches Maß oder Gewicht angewandt hat, „per terram, in qua fraudem commiserit[537], also der *Strafschaugang,* ist eine spiegelnde Strafe[538]. Das deutsche Recht erwähnt häufig solche schimpflichen Umzüge, bei denen gewisse Gegenstände getragen werden müssen: Strafgeräte oder auch Symbole des eigenen Berufes[539]. Dementsprechend bestimmt der Liber Augustalis, daß man dem Betrüger dabei sein (falsches) Maß und Gewicht umhängen solle[540]. Im Königreich Jerusalem bringen die Assises de la Cour des Bourgeois Beispiele für einen Schaugang des Missetäters. Eines betrifft den Brandstifter, den man mit dem glühenden Scheit in der Hand durch die ganze Stadt hin bis zu seinem Scheiterhaufen prügelt[541]. Das andere betrifft den Arzt, der mit falschem Rezept den Tod eines Menschen verschuldet hat: „por espaventer les autres de ce maufaire" — um die andern von solcher Übeltat abzuschrecken — prügelt man ihn durch die Stadt bis zum Galgen, „un orinal en sa main" — ein Uringlas in der Hand[542].

Germanisch-rechtlichen Einfluß verrät auch die *Haftung der Gesamtheit einer Gegend für bestimmte Missetaten,* nämlich für Mordbrand und Baumkappen eines unbekannten Täters[543]. Diese Gesamthaftung entspricht dem Brauch der englischen Normannen, die Art der Berechnung der Strafe dem der französischen Normannen. Wenn es nämlich heißt, daß die Strafsumme für das Vergehen einer Gesamtheit sich nach der Zahl der Herdfeuer richten solle, „pro dinumeratione cuiuslibet focularis"[544], so erinnert das daran, daß in der Normandie die Zahlung einer Abgabe, nämlich des monetagiums, nach Feuerstellen erfolgte[545], wie das übrigens auch in Sizilien bei „collectae" der Fall war[545a]. Und in England war unter Wilhelm dem

Eroberer die Hundrede neben dem Grundherrn, auf dessen Boden die Missetat geschehen war, haftbar für den Mord an einem Normannen, dessen Mörder nicht gefunden werden konnte: „Ubi vero substantia Domini defecerit, totus Hundredus, in quo occisio facta est, communiter solvat“[546] bestimmt der König. Ein weiteres Gesetz verlangt, daß die Leute der Hundertschaft binnen acht Tagen den Mörder eines Franzosen vor Gericht führen müssen, falls sie nicht selber dafür die Buße zahlen wollen[547]. Auch in den Leges Henrici heißt es: „Si quid vero defuerit, in Hundredo communiter suppleatur[548].“ Weiter findet sich da eine Bestimmung, daß die ganze Hundertschaft die Strafe zahlen müsse, falls der Mord auf Königsland geschähe oder falls er auf offenem Feld erfolge[549].

Auch die *Strafen für die Gewalttat gegen Adelige und von Adeligen untereinander* sind festgesetzt entsprechend dem Recht der normannischen bzw. französischen Ritter. „Wenn ein Bürger oder Bauer“, so heißt es in den Constitutionen von Melfi, „einen Ritter schlägt, so verliert er die Hand, mit der er zuschlug[550].“ Die gleiche Regelung finden wir in dem fränkischen Recht der Assisen des Königreichs Jerusalem. Jean d'Ibelin, Jacques d'Ibelin, Philippe de Navarre und der Livre au Roi verlangen übereinstimmend, daß der Täter „le poin“, „le poin destre“ verlieren solle[551]. „Wenn ein junger Edelknecht einen Ritter schlägt“, sagt der Liber Augustalis weiter, „so wird er seines Standes entkleidet, darf den Adelsgerichten nicht mehr beiwohnen, muß Jahr und Tag außer Landes gehen und verliert seine ritterliche Rüstung sowie seine Pferde[552].“ Die Verbannung auf ein Jahr („an et jor“) als ritterliche Strafe sowie der Verlust von Rüstung und Reittieren kommt auch bei den verwandten Quellen vor. Die Summa führt an, daß der dieser Schuld überführte „mit seiner vollen Rüstung“ büßen müsse, mit „Pferd, Panzer, Schild, Schwert und Helm“[553]. Im Königreich Jerusalem heißt es knapper, daß der Täter außer einer hohen Geldstrafe seine ritterliche Ausrüstung, „tout son harnois“, herausgeben müsse[554] und Jahr und Tag aus dem Reich verbannt sein solle[555]. Im Fürstentum Antiochien steht auf der Tat zwar nicht Verbannung, aber eine verhältnismäßig hohe Geldstrafe; und auch da muß der Ritter dem Geschlagenen „ein arabisches Pferd mit seinem ganzen Zaumzeug“ geben, „einen Küraß, einen Helm und jede Art von Waffenrüstung, die ein Ritter braucht, um in den Krieg zu ziehen“[556]. Übrigens ist die Verbannung und der Verlust des Lehns auf ein Jahr und Tag für Jerusalem auch bei anderen Vergehen durch Philippe de Navarre belegt[557].

Wenigstens wahrscheinlich ist normannischer Einfluß bei dem unter dem Talion-Gedanken stehenden Gesetz *De poena percussientis et non occidentis*[558]. Wer einen anderen im Angriff verletzt, ohne ihn zu töten, soll danach mit dem Verlust der rechten Hand bestraft werden[559]. Diese Bestimmung braucht nicht von gleichen Erwägungen des griechisch-römischen Rechtes abhängig zu sein, wie ich bereits früher dargelegt habe: Der Talion-Gedanke ist aus dem mosaischen Recht ins arabische Recht vorgedrungen; er findet sich auch im deutschen Recht des Mittelalters sowie bei den Normannen[560]. Die Statuta et Consuetudines sprechen allgemeiner davon, daß der Täter an den Gliedern gestraft werden solle: „membris punietur"[561]. Der Très ancien Coutumier übersetzt: „Il l'espeneira par les membres"[562]. Im Königreich Jerusalem aber büßte man bei dieser Tat sowohl nach der „Ancienne Assise de coup apparent" wie auch nach der neueren des Königs Baudouin die Hand ein[563].

Aus germanischem Recht stammt wohl gleichfalls der Grundsatz des Liber Augustalis, *daß der straffällige Vornehme eine höhere Brüche zu zahlen hat als der Geringere.* (Im deutschen mittelalterlichen Recht ist dieser Unterschied seit dem 12. Jahrhundert zu beobachten[564].) Ein Bauer, der eine verbotene Waffe mit sich führt, zahlt dem Fiskus nach dem Gesetz über das Verbot des Waffentragens eine Unze, ein Bürger zwei, ein einfacher miles drei, ein Baron vier, ein Graf fünf Unzen[565]. Auch die Strafen für Ungebühr vor Gericht sind nach Ständen gestaffelt[566].
Die strafverschärfende Wirkung der Wiederholung eines Verbrechens[567] kommt sowohl im germanisch-deutschen wie im römischen und griechisch-römischen Recht vor[568]. An sich sind beide Einflüsse denkbar. Da aber die übrigen Gründe, die als strafverschärfend angeführt werden, römischrechtlichen Ursprungs sind (Verbrechen im Amt[569], Qualitas personae bei crimen falsi[570]), auch die Strafe der detruncatio nasi bei wiederholter Kuppelei[571] eine griechisch-römische ist[572], darf man wohl eher auf römischen Ursprung dieses Grundsatzes im Liber Augustalis schließen.

Zechbauer glaubte, den Aufschub der Todesstrafe bei schwangeren Frauen[573] auf germanisch-rechtliche Wurzel zurückführen zu müssen[574]. Doch scheint dieser römischen Ursprungs zu sein[575]. Ein Gesetz Wilhelms d. Eroberers für England bezeugt allerdings die gleiche Praxis[576]. Aber schon Liebermann hat darauf hingewiesen, daß auch diese Bestimmung auf den Einfluß des römischen Rechts zurückzuführen sei[577]. In Deutschland kennt erst das städtische Recht des 14. Jahrhunderts die Verschiebung der Hinrichtung bei Gravidität bis nach der Niederkunft[578]. Zwar lehnt der Sachsenspiegel schon die Hinrichtung einer Schwangeren ab, sagt jedoch, daß sie statt dessen „an Haut und Haar" zu strafen sei[579].

Ausdrücklich abgeschafft werden durch Friedrich II. zwei bisher in Brauch gewesene Regelungen des älteren normannischen Rechtes: Die römisch-rechtliche Todesstrafe[580] trifft jetzt den Mädchenräuber, der er sich nicht durch die Heirat der Geschändeten mehr entziehen kann[581], und der Mann, der gegen den Besitz eines anderen eine violentia verübt, verfällt der „poena legitima“[582] des römischen Rechtes und nicht mehr der „misericordia ducis“, die durch die normannischen Coutumes bezeugt ist[583]. D. h., er muß, wenn es sich um eine res immobilis handelt, die Hälfte von deren Schätzwert zahlen[584]. Handelt es sich aber um eine res mobilis, so büßt er es mit dem Vierfachen des Schätzwertes[585].

VI

Entzieht sich ein straffällig Gewordener dem *Gerichtsverfahren* durch die Flucht, so gerät er nach den Constitutionen von Melfi zunächst in den alten fränkischen *Vorbann*[586], der einen „an die Gesamtheit gerichteten Fahndungsbefehl mit dem Verbot jeglicher Unterstützung des Verfolgten“ enthält[587]. Wer den Flüchtigen findet, hat ihn anzugeben oder auszuliefern. Doch ist die tätliche offensa eines im Vorbann Befindlichen noch ausdrücklich verwehrt[588]. Der Vorbann wird im Liber Augustalis als „bannum“[589] oder „bannitio“[590], der damit Belegte als „bannitus“[591] oder auch „forbannitus“[592] bezeichnet. Dieser Vorbann wird wie in der Normandie der Bann[592a] öffentlich verkündet[592b]. Der forbannitus hat innerhalb eines Jahres noch das Recht, sich einem Beamten des Königs zu stellen und sich danach vor Gericht zu verantworten[593]. Zu seiner Sicherheit erhält er dann ein Handschreiben des betreffenden Beamten, *„litteras securitatis“*[594], das in der Normandie der fugitivus, der den Herzogsfrieden wieder sucht, ebenfalls erhält und dort an seinem Halse sichtbar trägt[595], wenn er ein Mann aus dem Volke ist; ein Graf oder ein Baron oder sonst ein Vornehmer braucht es aber nur heimlich bei sich zu führen[596].

Stellt sich der *forbannitus* innerhalb der vorgeschriebenen Frist nicht, so gerät er in die *„foriudicatio“*[597], den eigentlichen Bann, die *Ächtung*. Damit ist er dann „quasi foris omnem aditum judicii constitutus“[598]. Der „foriudicatus“[599] wird „ad omnia fere pro mortuo“ gehalten; er gilt als „hostis publicus“: Jedermann darf ihn ungestraft verletzen oder töten[600]. In den normannischen Coutumes tritt diese Ächtung unter dem Namen „forisbanitio“[601], „forbanissement“[602] sogleich nach dreimaligem Nichterscheinen des Schuldigen ein. Ein Vorbann ist hier nicht mehr belegt. Er muß zu jenen frühen Erscheinungen fränkisch-normannischen Rechtes gehört haben, die von den Normannen als Brauch der Heimat mit in den Süden gebracht worden sind. Die Statuta et Consuetudines und die Summa der Normandie kennen nur noch den „forisbannitus“[603], der Très ancien Coutumier den „forsbaniz“[604]. Auch in England belegen die Leges Henrici nur den „forisbannitus“[605].

Die Institute des Vorbanns und der Ächtung weisen nun aber in Sizilien unter römisch-rechtlichem Einfluß Züge auf, die die alten fränkischen Bräuche nicht kennen, und lassen wiederum andere vermissen.

Die durch Friedrich II. neu eingeführte peremptorische Ladung[606] vor Gericht zusammen mit der Beseitigung der alten fränkischen Gerichtsfrist von dreimal 15 Tagen[607] bewirkt, daß der Vorbann bereits nach *einer* Fristversäumnis verkündigt wird und nicht erst nach dreien[608]. Und bei dem foriudicatus findet sich von der altgermanischen Wüstung in den Constitutionen keine Spur mehr: Das Verbrennen des Hauses, das Aushacken des Weinbergs, das Kappen der Fruchtstämme, die nach den französisch-normannischen Coutumes als Folge der forisbannito einzutreten pflegen[609] und auch bei Glanvilla als „domorum subversio“ und „arborum extirpatio“ den Landflüchtigen treffen[610], werden im Liber Augustalis im Zusammenhang mit der foriudicatio nicht mehr erwähnt. Dabei ist das Aushacken von Weinbergen und Olivenhainen von den normannischen Eindringlingen in Süditalien im Zeitraum der Eroberung des Landes oft genug geübt worden[611]. Es kommt in den Constitutionen nur die „desolatio perpetua“ einer Gemeinschaft vor, die eigenmächtig Podestàs oder Beamte ernennt[612].

Die *Prozeßordnung* Friedrichs II. im Liber Augustalis entspricht in allen wesentlichen Punkten dem nachklassischen justinianischen Verfahren. Das gilt für den Zivilprozeß wie für den Strafprozeß in gleicher Weise. Eine reiche Fülle von römischen Rechtsworten läßt sich im Text feststellen. Ich habe das an anderer Stelle schon ausführlich dargelegt[613]. Ergänzend zu dem Institut der *„defensa“* möchte ich hier noch darauf aufmerksam machen, daß sie als „defense“ auch Outre-Mer vorkommt. Sie ist durch Jean d'Ibelin[614], Philippe de Navarre[615], die Clef des Assisses[616] und den Abrégé[617] bezeugt.

Der ausdrückliche Verzicht auf den alten fränkischen Prozeß[618], der sich durch strenge Beachtung von Wort und Form[619], von „quinzanas“ und „momenta temporum“ auszeichnete, bedeutet eine einschneidende Veränderung für die Normannen im Königreich Sizilien. Abgesehen davon, daß die Einheitlichkeit der Gerichtsverhandlung damit für alle Bewohner des Landes gewährleistet sein soll[620], fallen jetzt viele Gefahren fort, durch Unkenntnis[621], Versprechen[622], Ungeschicklichkeit der Rede[623] oder auch Mißverstandenwerden von seiten der Richter[624] sich gegen Formvorschriften verfehlen zu können, woraus sich spitzfindige Konsequenzen (cavillationes“, „captiones“)[625] ziehen lassen würden. Die Normannen genossen lange Zeit in Frankreich den Ruf, die „ersten Rabulisten“ des Kontinents zu sein[626]. Mit der „quinzana" entfällt die alte fränkische Ladungsfrist von zwei Wochen = 14 Nächten oder 15 Tagen[627], deren dreimalige Versäumnis (Ladungsungehorsam) sogleich den Verlust der gesamten Habe nach sich zog[628]. Die „momenta temporum" beziehen sich auf die bis dahin übliche subtile Art und Weise der Bestimmung von Zeit und Stunde („tens et houre")[629], deren Nichtbeachtung eine Partei unweigerlich ihre Sache verlieren ließ[630]. Der Tag währte nach diesem Brauch vom Morgenlicht bis zum Sinken der Sonne[631] bzw. bis zum Aufsteigen der Sterne[632]. Er war noch in Stunden unterteilt. Die Prim war um 6 Uhr morgens, die Terz um 12 Uhr mittags, die None um 3 Uhr nachmittags; außerdem gab es den Abend[633]. War eine dieser Stunden angegeben, so durfte man sie keinesfalls verfehlen. Statt der Entschuldigungsgründe (exonia)[634] normannischer Herkunft gibt es in den Constitutionen von Melfi die römischen prozeßverschiebenden Einreden, die „dilationes", und die prozeßhindernden Einreden, die „exceptiones"[635]. Eine dieser Exzeptionen deckt sich noch mit einem normannischen exonium: das „hosticum"[636] („ost")[637], das auf Heerfahrt sein, das naturgemäß bei dem Adel eine Rolle spielte. Im Zusammenhang mit dieser Entschuldigung findet sich in den Constitutionen auch noch die *Spur der fünfzehntägigen alten fränkischen Ladungsfrist,* die dem ins Feld Ziehenden vorher und dem Heimkehrenden nach seiner Rückkehr eingeräumt wird[638]. Auch im Fürstentum Antiochien wird übrigens dem Ritter nach dem Heereszug eine neue Gerichtsfrist zugebilligt[639].

Im *Beweisrecht* des Liber Augustalis sind ebenfalls noch ein paar germanisch-rechtliche Züge erhalten geblieben. So ist der Beweis durch *Zeugen* im Königreich Sizilien durch eine *unterschiedliche Bewertung der Stände* gekennzeichnet: Gegen einen Grafen müssen zwei Grafen Zeugnis ablegen oder vier Barone, acht Ritter oder sechzehn Bürger aufgeboten werden[640]. Eine Ausnahme findet unter dem Einfluß des römischen Rechtes statt[640a] beim Verbrechen der Majestätsbeleidigung; in diesem Fall sind die Unterschiede der Stände aufgehoben, und jeder einzelne kann gegen den Beklagten Zeugnis ablegen[640b].

Die fränkisch-normannischen *Gottesurteile* der Feuer- und Wasserprobe, die schon Dudo von St. Quentin erwähnt[641] und die uns auch durch andere Schriftsteller[642] sowie durch Gesetzestexte[643] überliefert sind, werden im Liber Augustalis abgeschafft[644]. Doch bleibt der *Zweikampf* („duellum")[645] — zwar nicht in allen bisher vorgesehenen Fällen[646], aber wohl im Falle des heimlichen oder Giftmordes sowie bei der Anschuldigung des Majestätsverbrechens — erhalten[647]. Er ist in unserer Quelle nicht ganz ausführlich wie anderorts[648], aber doch in den wesentlichen Stücken geregelt und läßt erkennen, daß der Liber Augustalis sich im ganzen an die Grundsätze für das Duell hält, die sich in anderen Ländern feststellen lassen, in denen sich germanischer Rechtseinschlag behauptet hat[649].

Da ist zunächst die Bestimmung, daß *kein Minderjähriger* (unter 25 Jahren: römisches Recht!)[650] *und kein Greis (über 60 Jahre)* selber zu seiner Verteidigung kämpfen muß, sondern daß ein Lohnkämpfer für sie eintreten soll[651]. Zur Frage der Minderjährigkeit äußert sich z. B. Beaumanoir in der Coutume du Beauvaisis: „Male coze seroit de soufrir enfans en gages devant qu'il aient aage, par quoi il doient connistre le peril"[652], und die Clef des Assises von Jerusalem: „merme d'aage ne peut... apeler pour gage de bataille"[653]. Und was die Grenze von 60 Jahren für eigene Verteidigung im Zweikampf angeht, haben wir z. B. das Zeugnis des Jean d'Ibelin[654], des Geoffroy le Tort[655], der Clef des Assises[656] und der Assises des Bourgeois[657]. Eine wichtige Rolle spielt für Friedrich II. die *Gleichheit der Kämpfenden,* obschon er körperliche und geistige Gleichheit im Grunde für unmöglich hält[658]. Das geht bei ihm soweit, daß er verlangt, ein körperlicher Fehler des beschuldigten Kämpfers müsse bei dessen Gegner künstlich erzeugt werden. Wenn der Angeklagte etwa nur ein Auge habe, so solle sich der Kläger bereits am Tage vorher das gleiche Auge verbinden. Und wenn dem einen ein Finger oder ein anderes Glied des Körpers fehle, so müsse der andere dieses ebenfalls außer Gefecht setzen[659]. Ähnliches fordert ein aragonesisches Weistum (12. Jh.), in dem ein beklagter Kranker von dem Kläger verlangt, „ut daret ei talem infirmum sicut ipse erat"[660]. Gleichwertigkeit der altspanischen Duellanten ermöglicht auch das Landrecht von Navarra (13. Jh.): Es fordert, daß man zu diesem Zweck Messungen des Körpers bei den Kombattanten durchführe[661]. Die Gleichheit der Kämpfenden sollen auch gleiche Waffen gewährleisten. Der Liber Augustalis fordert „clavas equales", gleiche Keulen, für die Lohnkämpfer (campiones) „ohne Dornen, Hörner und scharfe Spitzen"[662]. In der normannischen Summa begegnen uns noch gehörnte Schlagstöcke[663], ebenfalls im Königreich Zypern[664]. Jean d'Ibelin im Königreich Jerusalem spricht bei kämpfenden Rittern von „Lanzen gleicher Länge"[665], die Clef des Assises von „gleichen Rüstungen und gleichlangen und -großen Lanzen und Degen"[666]; die Assises de la Cour des Bourgeois fordern „gleichgroße Schilde aus dem gleichen Material und gleichgewichtige, gleichlange und -große Schlagstöcke" der Lohnkämpfer[667]. Auch das Landrecht von Navarra verlangt gleiche Holzschilde und gleiche Kampfstöcke der zum Kampf antretenden Bauern[668]. Der Abrégé von Jerusalem bestimmt die gleichmäßige Verteilung der Sonne für den Gegner[669].

Grundsätzlich kämpft nach dem Liber Augustalis *jeder Stand in der ihm gemäßen Weise:* der Ritter zu Pferde in seiner üblichen Rüstung und mit den ihm gebührenden Waffen, der Nichtritter zu Fuß und in der primitiveren Ausrüstung eines Lohnkämpfers[670]. Gehört indessen der Herausgeforderte einem höheren Stande an als der Herausforderer, so darf sich dieser der Kampfesweise des Geforderten angleichen. Der nichtritterliche Gegner darf dann zu Pferde und mit ritterlichen Waffen kämpfen[671]. Und gehört der Herausgeforderte einem Stande an, der sich gewöhnlich zu Fuß verteidigt, so muß auch sein Gegner sich ihm in der Kampfesweise anpassen[672]. Der Angeklagte, nicht aber der Kläger, bestimmt also die Kampfesart. Dem entspricht der Brauch im Königreich Jerusalem, wie ihn uns Jacques d'Ibelin[673], Geoffroy le Tort[674] und Philippe de Navarre[675] überliefert haben.

Der Liber Augustalis kennt, wie schon gesagt, auch den Begriff des *Lohnkämpfers* („campio", „pugil")[676]. Lohnkämpfer müssen vor dem Kampfe den Eid „de calumpnia seu de astu" leisten[677], daß sie die von ihnen vertretene Sache für gerecht halten. Roffredus von Benevent hat in seiner Schrift De pugna diesen Eid als langobardisches Recht beschrieben[678]. Weiter müssen campiones schwören, daß sie keine Übereinkünfte untereinander treffen wollen, sich nicht mit allen Mitteln zu bekämpfen: „manibus et dentibus et modis, quibuscumque poterint"[679]. Diese rücksichtslose Kampfesweise klingt auch im Abrégé an, wenn es darin heißt: „ferant à l'autre en la maniere come il vodra et là où à luy plaira"[680]. Ein möglicher Angriff durch Beißen ist übrigens auch durch Philippe de Navarre belegt, der von „morsure de dens aparant" spricht wie von anderen im Angriff zugefügten Wunden[681].

Ist ein campio so sehr unterlegen, daß er sich völlig kampfunfähig fühlt, so kann er „in recredentis vocem prorumpere"[682] (afrz. „recreant")[683], d. h. sich für besiegt erklären. Auch dieser Ausdruck findet seine Parallelen im normannischen Recht und im fränkischen Recht der Assisen von Jerusalem. Die *„recreantisa"* der Statuta et Consuetudines[684] und bei Glanvilla[685], „la recreandise" des Très ancien Coutumier[686] und des Abrégé[687] ist die „renonciation à la lutte"[688]. Das Wort „recreans" begegnet bei dem englisch-normannischen Glanvilla[689] sowie bei Jean d'Ibelin[690] und im Abrégé[691]. Heute noch heißt im Englischen recreant abtrünnig, feige[692].

Ein einmal besiegter Lohnkämpfer darf nie mehr vor Gericht für einen anderen kämpfen; nur noch in eigener Sache wird er zugelassen[693]. Das entspricht der Regelung bei Glanvilla[694]. Auch bei den französischen Normannen verliert jeder besiegte Duellant das Recht, noch einmal vor Gericht für andere zu zeugen[695]. Dasselbe war im Königreich Jerusalem[696] und im Fürstentum Antiochien[697] der Fall. Unterliegt bei einem Zweikampf wegen Mord der campio des Beklagten, so wird er ebenso wie sein Auftraggeber mit dem Tode bestraft[698]. Jacques d'Ibelin berichtet dasselbe aus Jerusalem[699]. Der campio des Klägers jedoch, den gerechter Schmerz über den Mord an einem Verwandten zur Anklage bewogen hat, wird nach dem Liber Augustalis bei Unterliegen nur mit dem Verlust der Hand bestraft[700]. Handelt es sich allerdings um einen Fall von Majestätsverbrechen, so sterben der Verlierer wie auch sein Auftraggeber in jedem Falle[701].

Nur dem nahen Verwandten ist es nach den Constitutionen von Melfi *erlaubt, den Mord an einem Verwandten durch Zweikampf beweisen zu lassen:* „pater vel mater forte aut filius ... nec ad pugnam fuisset admissus, nisi quia ipsum justi doloris impetus et indiciorum praecedentium probatio admiserunt[702]." Im Königreich Jerusalem bestimmen die Assises de la Cour des Bourgeois im gleichen Sinne: „Les parens dou mort puent bien faire lever un des garans par bataille[703]." Und die Clef des Assises bringt denselben Gedanken zum Ausdruck, wenn sie bestimmt: „Nul ne doit respondre à nulluy de murtre, se l'appeleour n'est plus prochain dou murtri d'affinité ou de sanguinité[704]."

VII

Im *Lehnrecht* des Liber Augustalis hat sich fränkisch-normannisches Rechtsgut in reicher Fülle erhalten. Die Normannen, denen vor ihrer Einwanderung in die Normandie nur die germanische Gefolgschaft bekannt gewesen war, haben das Lehnswesen wie andere consuetudines von den dort lebenden Franken übernommen und sich seinen Gewohnheiten leicht angepaßt. Unter ihnen wurde die Normandie das erste voll entwickelte Feudalland Frankreichs[705]. Die ersten Ritter, die aus dem Norden hinab nach Apulien zogen, verbanden sich dem Meles „more militiae"[706]. Und Lehen zu fränkischem Recht behaupteten sich im Süden Italiens bis weit in die Neuzeit hinein[707].

An der Spitze der sizilischen Lehnspyramide steht nach den Constitutionen *der König*. Die nächsten seinem Thron sind die großen Vasallen, *„qui feuda in capite tenent"*[708], d. h. solche, die von ihm selber „Grafschaften, Baronien, Städte, Burgen u. a." zu Lehn tragen und deren Namen und Besitz in Lehnsverzeichnisse („quaterniones doanae Nostrae baronum")[709] aufgenommen worden sind („feuda quaternata")[710]. Alle Vasallen, „qui in capite tenent", genießen im Königreich Sizilien den Vorzug, daß sie sowohl strafrechtlich wie auch zivilrechtlich nur von ihresgleichen abgeurteilt werden können[711]. Dieser *Grundsatz des Pairsgerichts* gilt auch in der Normandie, wo es heißt: „Par per parem judicari debet"[712] und: „Barones autem per pares suos debent judicari"[713]. In England wird er von der Magna Charta vertreten, wenn sie sagt: „Comites et barones non amercientur nisi per pares suos"[714], und: „Si quis fuerit disseisitus vel elongatus per nos sine legali judicio parium suorum, de terris, castellis etc. ... statim ea ei restituemus"[715]. In England gilt übrigens früh der Anspruch eines jeden Freien auf ein Gericht durch seinesgleichen. Schon die Leges Henrici bestimmen ganz allgemein: „Unusquisque per pares suos judicandus est"[716]. Und auch die Magna Charta gesteht zu, daß kein freier Mann verhaftet, eingekerkert, enteignet, gerichtet oder verbannt werden solle ohne gesetzliches Urteil seiner „Pares" oder „per legem terre"[717]. Diese Gesetze vertiefen den Anspruch des englischen Adels auf ihr Pairsgericht. (In Deutschland gilt der Grundsatz, daß sich niemand von Untergenossen aburteilen zu lassen braucht, nur für causae maiores, d. h. für Sachen, die Leib und Leben, Ehre oder Grundbesitz betreffen[717a].) Im Königreich Jerusalem bezeugt die Clef des Assises: „En la Haute Cour", d. h. vor dem Hof der Chevaliers, „ne doit nul estre jugié que par ses pers"[718]. Im Liber Augustalis ist die Rubrica de nobilibus conveniendis et judicandis gleichwohl durchsetzt von römisch-rechtlichen Ausdrücken. Neben den „sententiae interlocutoriae" und „definitivae" begegnen wir dem „judex ordinarius" und dem „judex delegatus", dem „jus ordinarium" und dem „jus delegationis". Neben „causam audire", „concutere" stoßen wir auf „responsum", „terminare", „confirmare", „infirmare", „sententias formare", auf „militares viri" und andere Rechtsworte mehr[719]. Auch finden wir das römische Recht als Subsidiärrecht bei den Adelsgerichten des Königreichs[719a] genannt, doch immerhin erst nach den „fränkischen" Consuetudines, während es bei anderen Gerichten sogleich nach den Constitutionen des Kaisers zu befragen ist[719b]. Streitigkeiten wegen der großen Lehen gehören zum Aufgabenbereich des Magister justitiarius[720].

Mit dem Ausdruck *„tenementum"*[721] (afrz. „tenement")[722] wird in den Constitutionen von Melfi das niedere Lehn eines Freien („villanus"[723]) bezeichnet, der sich in ein vasallitisches Verhältnis zu einem Herrn begeben hat. Die Lehnsart des tenementum ist auch in der Normandie[724] und in England[725] bekannt. Übrigens kommt das Wort „villanus" in den Constitutionen in Doppelbedeutung vor, die klar definiert wird. Außer dem einfachen Lehnsmann, der wegen eines tenementum oder beneficium dient, kann es einen Bauern bezeichnen, der „personaliter, intuitu personae suae scilicet", zu dienen verpflichtet ist, also den Angehörigen eines niederen, dienstbaren Standes[726] (villanus = afrz. vilain, Bauer)[727]. Diese Art villanus wird zusammen mit dem „angararius" (einem zur Fron verpflichteten Landmann) als „vilis conditionis" bezeichnet[728]. Im Zusammenhang damit finden sich im Liber Augustalis noch zwei weitere Rechtsworte französischen Ursprungs, „villa“ und „casale“[729], die auch schon in den Assisen von Capua vorkommen[730]. „Vile“ ist im Altfranzösischen ein Bauernhof, Gutshof oder Dorf[731]. „Casel“ bezeichnet die Bauernkate[732]. Mit dem Ausdruck „villicus“ scheint in unserer Quelle ein zum Gute gehöriger Arbeitspflichtiger benannt zu werden, da diese Bezeichnung neben „angararius“ steht[733]. Eine „serjanteria“[734] besitzen die „servientes“[735] (in der griechischen Fassung „σεργέντες“[736]), die Inhaber eines Dienstlehens, auch einer niederen Lehensart. Diese und die Inhaber eines „tenementum“ sind es wohl in erster Linie, die „podio alterius“[736a] (afrz. apoie)[736b], mit „Unterstützung“ durch ihren Lehnsherrn, also von ihm mit Pferd und Waffen ausgerüstet, im Heere des Kaisers Dienst tun. Der Name „servientes“ kommt ebenfalls in Frankreich[737], England[738] und Outre Mer[739] vor. Erwähnung findet im Liber Augustalis auch der „vallectus“[740] (afrz. „valet“, „vaslet“)[741], der junge Edelknecht.

Durch Mannschaft und Treueid (homagium et fidelitas)[742] *wird in Sizilien wie auch anderorts das persönliche Lehnsband begründet.* Die normannische Summa sagt: „Per homagium ... tenentur feoda de quibus fides inter dominum et hominem observari expresse promittitur[743].“

Das *„homagium“*, die Mannschaft, ist die Selbsthingabe des Vasallen unter die Gewalt eines Herrn. Das Zeremoniell dieser Hingabe ist in den Constitutionen von Melfi nicht beschrieben, und auch die Kenntnis der dabei gebrauchten Worte wird vorausgesetzt. Bei der nicht erwähnten „immixtio manuum“[744], der „commendatio“[745], die andere Quellen beschreiben, handelt es sich um die symbolische Gebärde des homagiums: Der Vasall gibt dabei seine zusammengelegten Hände in die des Herrn, und dieser umschließt sie mit seinen eigenen[746]. Schon für die Vasallen Rollos kommt in Dudo von St. Quentin die immixtio manuum vor: „Manus ... suas manibus illius vice cordis dederunt[747].“ Eine Beschreibung der Zeremonie findet sich auch in der normannischen Summa[748] und in England bei Bracton[749]. Den Wortlaut der Willenserklärung kennen wir ebenfalls aus anderen Quellen. Die Établissements de Saint Louis verzeichnen die Formel: „Sire, je devien vostre hom“[750]. Bei Bracton erklärt der Mann: „Devenio homo vester“[751]. Auch der Ritter im Königreich Jerusalem sagt nach Geoffroy le Tort: „Je deviens votre home“[752].

Niemand kann nach der normannischen Summa von jemand Mannschaft annehmen ohne den sogenannten *Treuevorbehalt*[753]. Die Normandie ist das „klassische Land“ für diese einschränkende Formel[754]. Dreimal kommt sie in der Summa de legibus vor; einmal als „salva fidelitate ducis Normannie“[755], einmal als „salva principis fidelitate“[756] und endlich als „salva fide ducis Normannie"[757]. Die englischen Normannen kennen ebenfalls den Lehnsvorbehalt. Auch hier kommt er einseitig dem Herrscher zugute, doch wird er ausgedehnt auf die Erben des Königs. Glanvilla formuliert: „Salva fide debita domino rege et heredibus suis"[758]. In Apulien heißt es schon von Boemund, er habe auf die fälschliche Kunde vom Tode seines Bruders Roger Bursa hin als Vormund für dessen unmündige Erben, doch „salva fidelitate legalium haeredum", die Burgen Rogers sogleich in Besitz genommen[759]. Der Liber Augustalis hat gleichfalls diesen ausgedehnten Treuevorbehalt, wenn es darin heißt: „salvo per omnia fidelitate, mandato et ordinatione Nostra et heredum Nostrorum"[760]. Doch garantiert er darüber hinaus jedem andern Oberherrn ebenso dessen vordringliche Rechte mit den Worten: „Salvo per omnia mandato superioris domini"[761]. Geoffroy le Tort im Königreich Jerusalem gebraucht die einschränkenden Worte: „sauve la ligece dou roy"[762], und Philippe de Navarre: „Sauve la ligece dou rei de teil leu"[763].

Das hier erwähnte System der *Ligesse*, der Sonderstellung eines „dominus ligius", dem der Vasall, der „homo ligius", „in omnibus", „per omnia"[764] und „contra omnes"[765] zu dienen hat, ist französischen Ursprungs. Von der Normandie aus gelangte es in der zweiten Hälfte des 11. Jahrhunderts nach Süditalien, nach England kurz nach der Eroberung[766]. Auch im Königreich Jerusalem begegnet der „homo ligius"[767]. Der Begriff der Ligesse und des dominus ligius[768] fehlt zwar dem Wort nach in den Constitutionen von Melfi, doch nicht seinem Inhalt nach. „Per omnia"[769], so heißt es auch hier, soll das Recht des „dominus" (Oberherrn) „salvus" sein, und an einer weiteren Stelle wird gesagt, daß der Vasall das Gut seines Herrn „contra omnes homines"[770] zu verteidigen hat. „In omnibus" hat er dem dominus zu dienen[771].

Der *Treueid* („fidelitas"[772], „sacramentum"[773]) bringt Pflichten für Herrn und Mann mit sich[774]. „Man darf nicht vergessen, daß die Bande der Treue und der engen Beziehungen, die sie einen, so stark sind, wie sie nur sein können", definieren die Assisen von Antiochien die fidelitas[775]. Der Mann muß den Herrn *„de vita, membris et captura corporis sui assecurare"*[776], d. h. ihm Sicherheit schwören für Leben, Glieder und persönliche Freiheit. Der Schwur der „securitas", das „assecurare", verlangt von dem Mann, daß er alles unterläßt, was dem Herrn schädlich sein könnte[777]. Eine weitere Constitutionenstelle spricht im Zusammenhang damit auch von Sicherheit für den *„honor"*[778], das heißt für die Herrschaftsrechte über seine Lande. Der Begriff des „honor" als Herrschaftsgebiet ist in den erzählenden Quellen der Normandie und Süditaliens zahlreich belegt[779]. „De vita et membris suis et terreno honore" garantieren auch die Leges

Henrici Primi[780] sowie die Fidelitätsformel bei Bracton[781]. Auch Glanvilla erwähnt beim Vasallenschwur den „honor terrenus“: „et quod eius in omnibus terrenum honorem servet“[782]. Jacques d'Ibelin von Outre Mer faßt alle obigen Forderungen zusammen in der knappen Formel: „défendre et maintenir son cors et ces honors“[783].

Weiter muß der Mann nach den Constitutionen schwören, er wolle *niemandem etwas von dem „consilium“ seines Herrn verraten, jeden gegen ihn geplanten Anschlag abwehren* oder ihn wenigstens sogleich davon in Kenntnis setzen[784]. Die „observatio consilii“ spielt auch in den englischen Leges Henrici Primi eine Rolle[785]. Und Geoffroy le Tort sagt, der Mann sei gehalten, seinen Herrn zu bewahren, zu retten und zu verteidigen — „garder, sauver et defendre“ — und nicht darein zu willigen, daß ihm Schmach oder Schaden zugefügt werde; und könne er das nicht abwenden, so müsse er wenigstens seinen Herrn warnen[786]. Daß der Mann den guten Ruf seines Herrn schützen solle, verlangt auch die Clef des Assises de Jérusalem von ihm[787].

Endlich verpflichtet sich der Vasall in den Constitutionen zu ritterlichem Dienst *(„servitium“)*[788], nämlich zu Hof-[789] und Heerfahrt[790], d. h. zur Teilnahme am „consilium“, dem Rate des Lehnsherrn, und zur Teilnahme am Heereszug („ost“).

Die *Herrentreue* geht auf Schutz und Unterstützung des Vasallen sowie auf die Verschaffung und Erhaltung seines Lehnsgutes[791]. Die Constitutionen sprechen nicht ausdrücklich davon, doch führen sie unmißverständlich an, welche Handlungen der Herr zu unterlassen habe, wenn er nicht gegen seine Treue verstoßen will[792]. Es handelt sich da um die Constitution Friedrichs II. De non opprimendis vasallis a dominis[793], der bereits eine Assise von Capua zugrunde liegt[794], und um den zweiten Teil von Const. III 19 (ein Gesetz Wilhelms II.)

Neben homagium und sacramentum fidelitatis steht gemeinhin, besonders in Frankreich, der Kuß, „osculum“. Der Herr küßt den Vasallen. Es ist dies eine symbolische Bekräftigung der Annahme der Mannschaft durch den Herrn[795]. „Je vos recoif et pran a home et vos en baise en nom de fois“[796], heißt es z. B. in den Établissements de Saint Louis. Und im Königreich Jerusalem bezeugt Jacques d'Ibelin „le comfermement dou baisier“[797]. In den Constitutionen von Melfi kommt das osculum nicht vor.

Auch die Investitur, die symbolische Handlung, durch die die Belehnung vollzogen wird, ist im Liber Augustalis nicht genannt. Sie besteht in der Übergabe eines Handlungs- oder eines Gegenstandssymbols[798]. Das Handlungssymbol soll die rechtsgeschäftliche Handlung verdeutlichen, das Gegenstandssymbol versinnbildlicht das Lehnsobjekt[799]. Heinrich Mitteis hat darauf hingewiesen, daß in der Normandie wie auch in England das (wohl ältere) Handlungssymbol des Messers eine Hauptrolle bei Lehnsübertragungen gespielt hat[800]. Dem deutschen Recht eigentümlich ist nach ihm das Fahnlehen[801]. In den Constitutionen von Melfi finden sich von beiden Symbolarten der Investitur keine Spuren. Zur Bezeichnung der Lehnsübertragung an einen großen Vasallen wird vielmehr das Verbum „assignare" verwandt[802], das im römischen Recht die Anweisung von Land[803] oder das Zuerkennen eines Rechtes[804] bezeichnet. Doch muß es vor Friedrich II. den Begriff der Lehnsgewere, der „saisina" (afrz. „saisine") im Königreich Sizilien gegeben haben. Denn das „dissaisire"[805] eines Gesetzes König Wilhelms II. ist ja doch ohne vorheriges „saisire" nicht denkbar.

Es kann kein Zufall sein, daß die Constitutionen von Melfi weder der immixtio manuum noch des osculum noch auch der investitura Erwähnung tun. Dem vom römischen Recht entscheidend geprägten Gesetzbuch Friedrichs II. ist der Symbolreichtum germanischer Rechte fremd, denen „das Rechtsverhältnis, jedes Rechtsgeschäft ... hörbar und sichtbar" sein muß[806].

Der *Lehnsverzicht* des Vasallen kommt an einer Stelle der Constitutionen von Melfi vor, die von Leuten spricht, die tenementa halten und sich zu Klerikern weihen lassen wollen. Diese, so heißt es da, müssen vorher ihre Lehen „in die Hände des Herrn zurücklegen"[807].

Das Lehnsbekenntnis, das dénombrement des neuen Vasallen[808], d. h. seine Aufzählung all dessen, was zum Lehn gehört (quid et quantum sit illud quod defunctus ... tenebat")[809], gibt es im Liber Augustalis nicht. Es ist von dem Vasall auf dessen Lehnsherrn verlagert, den Grafen oder den Baron, von dem er zu Lehn trägt. Dieser muß nämlich eine solche Aufstellung, der er auch eine genaue Aufzählung der „mobilia" des Verstorbenen beifügen soll, zusammen mit der Nachricht vom Tode des bisherigen Lehnsinhabers in Form einer öffentlichen Urkunde („in publica documenta redacta"[810]) an den König senden.

Verletzt der Vasall seine *Dienst- oder Treuepflicht*, so geht er durch Spruch des Lehnshofes („exguardium"[811]) seines Lehns verlustig („dissaisiri"[812]). Der latinisierte Ausdruck „exguardium" für afrz. esgart neben dem Verbum dissaisire weist auch hier auf Zusammenhang mit normannischem Recht hin[813]. Die normannische Summa kennt sowohl ein Substantiv „esgardium"[814] wie ein Verbum „esgardare"[815]. In der französischen Fassung der Articuli Guilielmi Conquestoris findet sich das Verbum „esgarder"[816]. Im Königreich Jerusalem brauchen Jean d'Ibelin, Philippe de Navarre, der Abrégé und die Clef des Assises die altfranzösische Form „esgart"[817]; der Livre au Roi hat „esguart"[818]; im Abrégé ist auch die verbale Form „esgarder" belegt[819].

Nach den Constitutionen von Melfi verletzt der Mann seine *Dienstpflicht,* wenn er dreimaliger Mahnung zum Hof- oder Heeresdienst nicht Folge leistet: „si servitium, quod ... debet, ter submonitus non praestiterit“[820]. „Ter submonita per dominum poterit dissaisiri“ heißt es auch von der Lehnserbin[821]. Daß die Versäumnis des Dienstes den Verlust des Lehns mit sich bringt, hat Friedrich II. schon in den Assisen von Capua erklärt[822].

Die *Treuepflicht* gegenüber dem Herrn verletzt der Vasall durch die sogenannte *Felonie* („fellonia“[823]). Diese wird in den Constitutionen dahingehend erläutert, daß sie sich sowohl gegen den Herrn selbst wie auch gegen dessen Söhne oder Gattin richten könne[824]. Beispiele für solche Treulosigkeit finden sich im Liber Augustalis nicht, aber in den auch sonst zum Vergleich herangezogenen Quellen. So weist z. B. die französisch-normannische Summa darauf hin, daß der Vasall weder „corporalem violentiam“ noch „percussionis injectionem cum violentia“ gegen den Herrn richten dürfe[825]. Glanvilla betont, daß jeder Mann, der „aliquid ad exheredationem“ seines Herrn unternehme oder „manus violentas... iniecerit eum laedendo vel atroci iniuria afficiendo“, seines Lehns verlustig gehe[826]. Der Livre au Roi von Outre Mer sagt, daß jeder Vasall, der gegen seinen Lehnsherrn die Waffen ergreife[827] oder auch versuche, ihn oder seine Familie zu vergiften, mit ewigem Lehnsverlust zu bestrafen sei[828]. Ähnlich verlangt die Clef des Assises, daß der Mann keine Waffen wider den Herrn trage noch sich eine Gewalttat gegen ihn zuschulden kommen lasse[829]. Eine Verletzung der Treuepflicht ist nach den Constitutionen auch die Weigerung des Mannes, für den Herrn zu bürgen oder ihn vor Gericht zu vertreten[830]. Von der Pflicht des Vasallen zur Bürgschaft spricht auch die normannische Summa de legibus, wenn sie fordert: „Omnes homagiati dominum suum tenentur plagiare de debitis suis ... ubi ipsum necessitas compellit plegios exhibere“[831]. Im Königreich Jerusalem drohen Jean d'Ibelin, die Clef des Assises und der Livre au Roi dem Lehnsmann ebenfalls mit Lehnsverlust, falls er sich weigert, für den Herrn die Geiselschaft zu übernehmen[832].

Da aber das Lehnsband den Herrn ebenso verpflichtet wie den Vasallen[833], *kann auch durch rechtswidriges Verhalten des Herrn dessen Auflösung erfolgen.* Die Constitutionen führen dafür mehrere Beispiele an: die Weigerung des Lehnsherrn, bei krimineller Anklage gegen den Vasallen eine Bürgschaft für ihn zu übernehmen (ausgenommen sind Prozesse vor dem Königsgericht); die Züchtigung (!) des Mannes ohne gerechten Grund; den Ehebruch mit dessen Ehefrau; die Schändung seiner Tochter gegen deren Willen. In all diesen Fällen soll der Herr die Mannschaft seines Vasallen verlieren, und der besagte Mann soll fortan unmittelbarer Vasall des Königs sein[834]. Dasselbe ist auch in der Normandie der Fall[835]. Auch wenn der Herr den Mann, der für ihn in einer Kapitalsache bürgt, nicht von seiner Bürgschaft befreit, ist der Vasall nach dem Liber Augustalis ipso jure des Homagiums ledig[836]. Legt der Herr Hand an den Mann ohne Urteil des Gerichtshofes, so ist dieser auch nach der Clef des Assises von seiner Lehnstreue entbunden[837]. Und Angriff jeder Art auf die Ehre der Tochter (und der im Hause des Bruders wohnenden Schwester) gilt auch bei Jean d'Ibelin als ein triftiger Grund für die Auflösung des Lehnsbandes[838]. Derselbe Ibelin bezeichnet die Befreiung des Vasallen von der Geiselschaft ebenfalls als Treuepflicht des Herrn[839]. Darüber hinaus sagt Geoffroy le Tort ganz allgemein, wenn der Herr sich gegen den Mann verfehle, so sei dieser des Homagiums und des Dienstes quitt[840].

Eine Beihilfe (*„adiutorium"*, *„collecta"*[841]) darf der Herr nach den Constitutionen von Melfi von seinem Mann nur in besonders angegebenen Fällen verlangen[842]. Es sind dies nach einem Gesetz Wilhelms II.[843] des Guten bei weltlichen Großen fünf genau aufgeführte Fälle: die Lösung des Herrn, der im Königsdienst in Gefangenschaft geraten ist; der Ritterschlag des Sohnes; die Heirat der Tochter oder Schwester; einmaliger Kauf von Land zum Dienste des Königs; der Unterhalt („corredum") (afrz. „conrei", "conroi"[844]) des Königs im Gebiete des Herrn. Prälaten sind nach demselben Gesetz in vier Fällen berechtigt, das adiutorium von ihren Vasallen zu fordern: anläßlich ihrer Weihe; bei Einberufung zum Konzil durch den Papst; bei Königsdienst als Gesandte im Heer; bei Leistung des corredum. Die Bestimmung über das adiutorium für die Prälaten geht schon auf eine Assise Rogers II. zurück[845].

Ein Gesetz Friedrichs II. ordnet an, daß das adiutorium von dem Mann in mäßiger Höhe („moderate") und gemäß seiner Lage („pro facultatibus") sowie auch entsprechend der Größe der gemachten Aufwendungen („pro expensarum quantitate") gefordert werden solle[846]. „Moderate" sollen auch nach dem Gesetz Wilhelms II. De collectis in allen vorgesehenen Fällen die adiutoria gefordert und eingetrieben werden[847]. In Friedrichs Gesetz wird übrigens noch ein zusätzlicher Fall erlaubter Forderung erwähnt: das adiutorium bei dem Ritterschlag des Bruders[848]. Der Fassung des Gesetzes von Friedrich II. kommt Glanvilla nahe, wenn er ebenfalls davon spricht, daß die „auxilia" „moderate" gefordert werden sollen „secundum facultates" und „secundum quantitatem feodorum"[849]. Auch das Beiwort „rationabile" ist zu auxilium gesetzt[850]. Er führt aber nur drei auxilia an: den Ritterschlag des Sohnes oder Erben; die Vermählung der ältesten Tochter[851]; den Fall der „guerra". (Den letzteren will er allerdings dem Belieben der Vasallen überlassen wissen[852].) Außerdem ist noch von einer Beisteuer zur Relevienzahlung des Herrn die Rede[853]. Die Magna Charta widmet in der Fassung von 1215 den auxilia zwei Kapitel. Kapitel 12 regelt die Zahlung von außergewöhnlichen „scutagia" und „auxilia" an die Krone, die nur „per commune consilium regni" bewilligt werden sollen, und zählt drei anerkannte auxilia auf: beim Loskauf der Person des Königs; beim Ritterschlag seines ältesten Sohnes; bei erstmaliger Heirat seiner ältesten Tochter[854]. Die Fassung von 1216 läßt das ganze Kapitel 12 fort. Spätere Fassungen beschäftigen sich nur noch mit den scutagia, den Schildgeldern[855]. Kapitel 15 befaßt sich noch einmal mit den drei anerkannten auxilia für die Herren; es zählt dazu: Loskauf ihrer Person; Ritterschlag des Sohnes; erstmalige Heirat der ältesten Tochter[856]. Von Wichtigkeit ist, daß auch hier beide Kapitel betonen, das auxilium habe „racionabile" zu sein[857], wie auch Glanvilla sagt, ein Ausdruck, der dem „moderate" der Constitutionen entsprechen dürfte.

Die normannischen Statuta et Consuetudines kennen dieselben drei auxilia wie Glanvilla[858]. Im Falle der guerra braucht jedoch ein auxilium nur bei schriftlicher Genehmigung des Herzogs gezahlt zu werden[859]. Der Très ancien Coutumier überträgt auxilium mit „aide"[860]. Die Summa bringt dieselben drei capitalia auxilia wie die Magna Charta in Kapitel 15[861]. Im größten Teil des übrigen Frankreich gibt es im 12. und 13. Jahrhundert die sogenannte „aide aux quatre cas", bei der als vierter Fall zu den drei normannischen auxilia noch die Fahrt des Herrn ins Heilige Land hinzukommt[862].

Das sizilische adiutorium steht im Zusammenhang normannischer und gemeinfranzösischer Tradition, wenn es sich auch nicht um zwei bis vier, sondern — wenigstens bei den weltlichen Herren — um fünf Fälle handelt, die nach dem Liber Augustalis zur Forderung berechtigen.

Die regelmäßige Abgabe an den Lehnsherrn bei der Übernahme eines Lehns, das „relevium"[863] (frz.-norm. „relié"[864], „relief"[865], engl.-norm. „relief"[866]), kommt im Liber Augustalis nicht vor. Der Passus: „suscepto tamen aliquo, ut est moris, quod quantitatem decem unciarum auri non excedat, pro assignanda possessione terrae concessae"[867] scheint wegen der relativ geringen Höhe der zu zahlenden Summe eher auf *eine Art Kammergeld* („droit de chambellage"[868]) hinzudeuten als auf ein relevium. In Frankreich entspricht das relevium in der Regel einem Jahresertrag aus dem Lehn[869]. In England betont Glanvilla, daß die Zahlung für Baronien im Belieben des Königs stünde[870]. Doch begrenzt die Magna Charta sie auf hundert Pfund für eine Baronie[871].

Germanisch-rechtlicher Natur ist ohne Frage das „*balium*" (afrz. „bail"), die Lehnsvormundschaft, sowie der „balius", der Lehnsvormund, der als Treuhänder, „ex fide"[872], sein Amt ausübt. Im Liber Augustalis wird der Herrenbail, die Lehnsvormundschaft des Königs als Oberlehnsherr, erwähnt, und zwar bei der Frage der Vormundschaft über minderjährige Töchter von Vasallen in capite[873]. Einen oberlehnsherrlichen bail über diese übt auch der Herzog der Normandie nach den Statuta et Consuetudines aus[874], und der König von England nach Glanvilla[875] und der Magna Charta[876]. Doch wird diese Vormundschaft hier „custodia", nicht „bail" genannt[877]. Nach den Constitutionen von Melfi kann der Herrscher den bail selber ausüben oder ihn „nach erprobtem Brauch des Königreichs" gegen Zahlung einer gewissen Summe weiterverleihen[878]. In England befolgt der König nach Glanvilla die gleiche Praxis[879]. In der Normandie ist die Personensorge zwar auch veräußerlich, doch wird sie hier nur an Verwandte vergeben[880]. Die vor Friedrich II. übliche Ausübung eines direkten Verwandtenbail, bei dem sogar sehr entfernte männliche Verwandte den bail an sich rissen, bezeugen die Constitutionen[881]. Der balius des Liber Augustalis darf die Substanz des Mündelgutes nicht schmälern. Nur seine direkten Unkosten für Nahrung und Kleidung des Schutzbefohlenen sowie eine Abgabe an den Herrscher für die Überlassung des bail („deducto eo, quod curiae, prout moris est, pro ipso balio dederit") darf der Vormund von dem Mündelgute abziehen[882]. Der germanische Treuhandgedanke kommt darin zum Ausdruck. Übrigens weisen auch die Statuta et Consuetudines Normannie darauf hin, daß die Vormünder „fidelia omnia custodient"[883]. In England darf der Kaufvormund nach Glanvilla das Mündelgut ebenfalls nicht schmälern. Er darf nichts „ad remanentiam" entfremden[884]. Auch hat er es in gutem Zustande zurückzugeben[885]. (Im übrigen freilich steht dem englischen Vormund außer den Kosten für die Abgabe und diejenigen, die das Mündel verursacht, Nießbrauch an dem Gute und freie Disposition darüber zu[886].) Dasselbe betont die Magna Charta, wenn sie dem Vormund „destructio vel vastum hominum vel rerum" verbietet[887] und ihn anweist, alle Bestandteile des Mündelbesitzes aus dessen Einkünften in gebührendem Zustande zu erhalten[888].

Hat die Erbin die Volljährigkeit erreicht, so muß der König von Sizilien dafür Sorge tragen, sie „secundum paragium", ihrem Rang gemäß, zu vermählen[889]. Das *paragium* (afrz. „parage" = noblesse, sang illustre[890]) spielt im ganzen normannischen Recht bei der Verheiratung der Töchter und Schwestern eine große Rolle. Die Statuta et Consuetudines weisen darauf hin, daß der Bruder die Schwester „rationabiliter et in genere et in tenemento" zu vermählen habe[891], was der Très ancien Coutumier mit „em parage" überträgt[892]. Die Summa verlangt, daß der Lehnsherr die Dame,

„prout generis nobilitas et feodorum valor requisierint", verheirate[893]. In England bestimmt die Magna Charta, daß die Vermählung durch den König „absque disparagatione" zu erfolgen habe[894]. Und ähnlich berücksichtigt man auch in dem fränkischen Lehnrecht von Outre Mer bei der Vermählung das parage und betont, daß der Herr die Erbin nicht disparagieren dürfe[895].

Von einem direkten Heiratszwang ist bei der Vermählung durch den König in den Constitutionen von Melfi nicht die Rede. Doch wird das Recht zur Vermählung der Erbin oftmals zu Situationen geführt haben, die der Grausamkeit nicht entbehrten. Für die dem Liber Augustalis voraufgehenden Zeiten haben wir immerhin das Beispiel der Witwe Serlos von Hauteville, die, aus vornehmer Familie stammend, von Herzog Robert Guiscard „ipsa multum renitente"[896] an einen „gregarius miles Angelmarus"[897], also gewiß nicht „secundum paragium", verheiratet wurde. Von etwa notwendiger Zustimmung der Verwandten zur Heirat verlautet im Liber Augustalis nichts. Auch die Statuta et Consuetudines Normannie sowie Glanvilla berichten nichts darüber. Die später liegende normannische Summa de Legibus aber spricht von einem „consilium et consensus amicorum ... et consanguineorum"[898], und die englische Magna Charta verlangt wenigstens, daß die Wahl, die der König trifft, den Blutsverwandten der Braut vorher angezeigt werde[899]. Die ursprünglich König Johann vorgelegten „Artikel der Barone" wünschten darüber hinaus die „Zustimmung" der Blutsverwandten[900]: ein Vorschlag, dem in der endgültigen Fassung der Magna Charta dann doch nicht entsprochen wurde. Das deutet auf einen stark entwickelten Heiratszwang der englischen Krone hin, für den McKechnie in seinem Kommentar genügend Beispiele bringt[901]. Im Königreich Jerusalem war, als die Erlaubnis des Lehnsherrn zur Verheiratung von Lehnserbinnen sich als notwendig erwiesen hatte, weil sonst der Bestand des Reiches gefährdet gewesen wäre, ebenfalls die Zustimmung von Blutsverwandten, und zwar der Mehrheit und der besten von ihnen, erforderlich[902].

Trotz seiner im allgemeinen germanisch-rechtlichen Züge ist das balium im Liber Augustalis nicht unbeeinflußt vom römischen Recht. Der altnormannische Brauch, daß männliche Verwandte, und seien sie noch so entfernt, bei sonst nur weiblichen Erbinnen das Erbe erhalten[903] und die Vormundschaft über minderjährige adelige Töchter nach dem Tode ihres Vaters an sich nehmen, um sie auch zu vermählen, also der Verwandtenbail, wird abgeschafft, und zwar unter ausdrücklicher Berufung auf das „jus commune", das Söhne und Töchter „absque discretione sexus" zur Erbfolge zulasse[904]. Weiter wird nach erlangter Volljährigkeit des Mündels eine

Rechnungslegung durch den vom König eingesetzten balius gefordert[905], eine Maßnahme, die dem germanischen Treuhandgedanken fremd ist. In der Normandie[906] und in England[907] wird nichts darüber gesagt, daß ein Vormund zur Rechenschaft verpflichtet sei. Aus dem römischen Recht stammt auch der Volljährigkeitstermin von 25 Jahren, der für Lehnserbtöchter angegeben wird[908] und den unsere Quelle mit einer Phrase des römischen Rechtes umschreibt[909]. Die Normandie[910] und England [911] haben andere Termine. Und endlich kommt die römisch-rechtliche restitutio in integrum der minores auch den Mündeln von Lehnsvormündern zugute, die durch „fraus" oder „ignavia" ihrer balii geschädigt worden sind[912]. Darüber hinaus enthält ein auf das balium bezüglicher Passus der Constitutionen von Melfi mehrere stilistische und begriffliche Anklänge an das römische Recht. So, wenn es etwa darin heißt: „Minores ... aetatis suffragio juvari non possunt", oder, wenn der römische Kaisertitel „serenitas Nostra" angewandt wird, oder die Wendung erscheint: „sacris largitionibus Nostris inferre", oder die Rede ist von den „deducta expensa" u. a. mehr[913].

Für alle in capite tenentes und für alle, deren Lehen bei der doana baronum registriert sind, ist nach dem Liber Augustalis eine *Heiratserlaubnis des Oberlehnsherrn* erforderlich[914]. (Schon früher, in den Assisen von Capua, hat Friedrich II. ein diesbezügliches Gesetz erlassen[915] und sich dabei auf eine consuetudo Wilhelms I. berufen[916].) Kein Graf, Baron oder wer auch sonst Baronien, feste Schlösser oder Lehen in capite vom König trägt, darf selber heiraten oder seine Söhne und Töchter vermählen „sine permissione" des Königs[917]. Späterhin hat Friedrich II. diese Constitution noch auf sämtliche Lehnsleute erweitert und damit eine zusätzliche Straffung der Lehnspyramide in Sizilien zu begründen versucht[918]. In England sieht bereits die Charter of Liberties Heinrichs I. (1100) eine Art Zustimmung des Königs zu Heiraten von Lehnsträgern vor[919]. „Sine dominorum dispositione vel assensu" darf nach Glanvilla keine Lehnserbin eine Ehe eingehen[920]. Die Magna Charta verlangt bei Wiedervermählung einer Witwe den „assensus" des Königs bzw. des Oberlehnsherrn[921]. „Zu Beginn" des Königreichs Jerusalem und „lange Zeit danach" verheiratete sich oftmals die Dame so, daß ihre Wahl Schwierigkeiten für den Lehnsherrn, was die Erfüllung des Dienstes anbelangte, mit sich brachte. Darum wurde auch hier gesetzlich festgelegt, daß keine Lehnsträgerin ohne die Erlaubnis des Herrn mehr heiraten konnte[922]. Noch später setzte sich ein direkter Heiratszwang des Lehnsherrn durch[923]. Der Witwe allerdings mußte der Lehnsherr drei gleichgeborene Barone auswahlsweise zur Ehe anbieten: „Il li deit offrir treis barons, et tels que il seient a lie aferans de parage[924]; car la feme est à chois de dire lequeil elle vaudra"[925].

Das „*dotarium*“ (afrz. „douaire“), das Wittum oder die Morgengabe der adeligen Frau, die nach fränkischem Recht lebt, ist in der Höhe, die die Constitutionen ihr zugestehen, als die alte fränkische „tertia“ zu erkennen, zumal sie im Text neben der langobardischen „quarta“, der römisch-rechtlichen „dos“ und der spätrömischen „donatio propter nuptias“ (in den griechischen Handschriften: προγαμιαία δωρεά) gleichwertig erscheint[926]. Ein Gesetz Wilhelms II. bestimmt, daß von drei Lehen bei der Heirat eines von dem Mann als dotarium ausgesetzt werden dürfe[927]. Friedrich II. sagt, daß von anderthalb Lehen ein halbes der Ehefrau verschrieben werden könne[928]. Bei geringeren Möglichkeiten des Mannes dürfe das Drittel auch in Geld gegeben werden[929]. Die französisch-normannische Summa und der englisch-normannische Glanvilla gebrauchen zwar statt dotarium die römische Bezeichnung „dos“[930], die Statuta et Consuetudines bisweilen auch „dotalicium“[931]. Die Höhe des Wittums aber entspricht bei ihnen der der Constitutionen[832]. Es handelt sich bei dieser Tertia wohl um ein Maximum, das nicht über-, wohl aber unterschritten werden darf. Denn die Summa bestimmt: „Relicta majorem dotem non potest habere quam tertium feodi ... Minorem dotem quam tercium potest habere“[933]. Auch Glanvilla betont das: „minus tertia parte ... tenementi sui potest quis dare in dotem, plus autem non“[934]. Bei der tertia wird im Liber Augustalis ausdrücklich das „castrum, unde baronia vel comitatus sumpsit nomen“, also das normannische „capitale masnagium“, ausgenommen[935]: Dies darf nicht als dotarium gesetzt werden. Die Statuta et Consuetudines Normannie nehmen es ebenfalls aus, allerdings nur dann, falls der Mann noch Ländereien oder andere masnagia zur Verfügung hat, die er seiner Frau aussetzen könnte[936].

Über die *Erbfolge der Lehnsträger* habe ich bereits an anderer Stelle gehandelt[937]. Ich wiederhole kurz das Wesentliche. Es besteht nach den Constitutionen auch weiterhin die Möglichkeit, Lehen nach fränkischem Recht ungeteilt zu vererben. Doch sind nun unter dem Einfluß des römischen Rechtes *Söhne und Töchter „absque discretione sexus“ zur Erbfolge zugelassen, und die Berechtigung zur Lehnsnachfolge auch für Töchter ist eindeutig festgelegt*[938]. Die fränkische grundsätzliche Bevorzugung von Söhnen, speziell des ältesten Sohnes, ist zwar bei normannischen Vasallen nicht beseitigt[939], doch schaltet der König die entfernteren männlichen Verwandten aus, die der Erbtochter bis dahin ihr Erbe zu nehmen pflegten und sie häufig zu einer ihr nicht genehmen Heirat zwangen[940]. Dieselbe Regelung verzeichnet Jean d'Ibelin für das Königreich Jerusalem[941], während der etwas früher liegende Philippe de Navarre[942] und die französische Summa[943] noch ein Frauenerbrecht an Lehen ablehnen, solange es überhaupt einen männlichen Erben gibt. Erben allerdings die Töchter, so erhält schon nach den Statuta et Consuetudines Normannie die älteste Tochter das capitale masnagium, und die übrigen nehmen von ihr zu Lehn[944]. Bei Glanvilla erbt zwar auch zunächst der älteste Sohn alles, aber beim Fehlen von Söhnen fällt der ältesten Tochter ebenfalls das Hauptlehn (capitale masnagium) zu, und der Rest der Besitzungen wird unter die übrigen Töchter aufgeteilt[945]. Dieselbe Regelung treffen die Assisen des Fürstentums Antiochien[946].

Ohne Zweifel hat das römische Recht, das schon in Rogers Assisensammlungen Eingang fand, in noch stärkerem Maße den Liber Augustalis durchdrungen und gestaltet. Als Rechtswort, als Formulierung, als Maxime, als Institution, als Übernahme von ganzen Sätzen ist es in Friedrichs II. Corpus Constitutionum gegenwärtig. Es macht das Beibehalten von gewissen normannischen Consuetudines unmöglich, veranlaßt, daß man sie abändert oder mildert, bewirkt, daß germanisch-rechtliche Symbolformen fortgelassen werden und daß man normannische Rechtsworte nicht erwähnt, obschon deren Inhalt angedeutet ist. Aber das normannische Recht ist nicht schwach. Wenn Lehen „zu fränkischem Recht" noch 1812 in Süditalien bezeugt sind, so beweist es damit eine wunderbare Lebenskraft, zumal wenn man bedenkt, wie gering, gemessen an der übrigen Bevölkerung, der Anteil der Normannenritter gewesen ist.

Mit der Bemerkung: „Actum in solemni consistorio Melfiensi"[947] schließt Kaiser Friedrich II. sein Gesetzeswerk. Consistorium ist ein römisches Rechtswort; es bezeichnet den Geheimen Rat des Herrschers, der namentlich bei der Gesetzgebung tätig wird[948]. Daß dieses Consistorium aber in Melfi tagte[949] und dies der Ort war, an dem er sein großes Opus vollendete und zuerst verkündigen ließ[950], ist ein Zugeständnis des Kaisers an den normannischen Lehnsadel des Reiches, dessen ruhmvolle Vergangenheit eng damit verbunden war. Noch heute führt dort die Via dei Normanni zu dem alten Castell hinauf, erinnert eine Via Ruggiero an Roger de Hauteville. Das reiche und schöne Melfi[951] war die erste Stadt, die die zweimal sechs Schwurgrafen der Normannen[952], unter ihnen allein zwei Tancredsöhne und drei ihrer Verwandten[953], mit ihren Gefolgschaften einnahmen, als sie in Apulien einfielen, und die sie als ihren gemeinsamen Besitz ansahen[954]. Die Stadt, wo sie ein castrum bauten[955] mit zwölf Straßen und zwölf festen Häusern, für jeden Schwurgrafen eins[956], und aus deren Territorium die ersten Lehen von erobertem Land durch Normannen in Süditalien verteilt wurden[957], wie einst Rollo mit seiner Meßschnur in der Normandie tat[958] und Wilhelm der Eroberer in England[959]. Melfi war der Ort, den die normannischen Ritter berühmt machten[960], der ihnen Schutz bot vor ihren zahlreichen Feinden und zu einem sicheren Lager wurde für die Schätze, die sie auf ihren kühnen Heerzügen erbeuteten[961]. Wilhelm von Apulien nennt diese Stadt in seinem Heldenepos „das Haupt aller apulischen Städte"[962], und Leo Marsicanus, der Chronist von Monte Cassino, bezeichnet sie als „das Haupt und die Pforte von ganz Apulien"[963].

Noch einmal gewann Melfi dann entscheidende Bedeutung für die Normannen. Das war im Jahre 1059, als Papst Nikolaus II. auf der dortigen Synode die normannischen Eroberungen in Calabrien und Apulien legalisierte, indem er Herzog Robert Guiscard mit Apulien belehnte[964]. Und wiederum geschah es, daß Herzog Roger II. im Jahre 1130 nach Gewinnung aller Städte Apuliens die weltlichen und geistlichen Großen seines Reiches nach Melfi berief, um sich dort von ihnen Treue zu ihm und seinen Söhnen und den Frieden im Lande beschwören zu lassen[965]. Dann wurde er zu Palermo König von Sizilien.

In der großen Tradition der Tancredsöhne, Herzog Guiscards sowie seines eigenen Großvaters, König Rogers II., sah sich der Staufenkaiser als ein krönendes Glied. Darum verkündete er gerade dort sein Gesetzeswerk und sandte es von da aus durch sein ganzes Königreich[966]: seinen Liber Augustalis, die Constitutionen von Melfi.

Anhang

Die Assisen von Jerusalem und von Antiochien

I. *Assises de Jérusalem* ou recueil des ouvrages de jurisprudence composés pendant le XIIIe siècle dans les royaumes de Jérusalem et de Chypre, publiées par le Comte Beugnot (Recueil des Historiens des Croisades Lois I). Tome I: Assises de la Haute Cour, Tome II: Assises de la Cour des Bourgeois, Paris 1841/1843

Bei den von Beugnot edierten Assisen von Jerusalem handelt es sich nicht um ein Gesetzbuch der Könige dieses Reiches, sondern um eine Sammlung von Privatarbeiten von Rechtsgelehrten. Die wirklichen Assisen — Pergamenturkunden, die nach der Überlieferung in einem Schrein am Heiligen Grabe deponiert gewesen sein sollen[1] — sind sämtlich bei der Eroberung Palästinas durch die Sarazenen verlorengegangen. Aus der Erinnerung[2], nach Erzählungen alter Rechtskundiger[3] sowie nach der Praxis ihrer Zeit haben die meist unbekannten Verfasser ihre juristischen Bücher zusammengestellt.

Die Ausgabe enthält:

1. *Le Livre au Roi*

Nach Grandclaude ist dieses Buch wahrscheinlich keine Juristenarbeit im eigentlichen Sinne, sondern wohl eine auszugsweise Sammlung von Gerichtsurteilen und königlichen Erlässen, die spätestens 1205[4], mutmaßlich zwischen 1197 und 1205[5], in St. Jean d'Acre zusammengestellt worden ist. Fast alle darin enthaltenen königlichen Erlasse stammen aus dem 12. Jh., und viele davon müßten sich genauer datieren lassen. Beugnot wollte das Werk noch auf „nach 1271" ansetzen[6]. Als „früheste Fassung des Assisenrechts" hat es aber auch Heinrich Mitteis angesehen[7].

2. *Le Livre des Assises des Bourgeois*

Auch dieses Werk ist, nach Du Hamel, nicht das Original einer Juristenarbeit, sondern eher eine überarbeitete Serie von Erlässen und Gerichtsprotokollen[8] mit zahlreichen Zitaten aus dem römischen Recht. Nach Grandclaude wurde es während der zweiten Besetzung von Jerusalem, zwischen 1229 und 1244, verfaßt[9]. Beugnots Ansatz auf „vor 1187" scheint auch Heinrich Mitteis verfrüht zu sein[10].

3. *Philippe de Navarre* (oder de Novare, wie die meisten Wissenschaftler annehmen)[11]

Der Verfasser dieses Buches nahm nachweislich an der Belagerung von Damiette 1218 durch Ludwig d. Heiligen von Frankreich teil[12]. Nach Grandclaude hat seine Arbeit drei Stadien durchgemacht. Im Anfang war sie ein juristischer Traktat, der ausschließlich zur persönlichen Belehrung eines jungen befreundeten Barons (Jean d'Ibelin?) bestimmt war. Später hat es wahrscheinlich eine für die Öffentlichkeit bestimmte Neufassung gegeben. Endlich hat der Autor gegen Ende seines Lebens den Versuch gemacht, sein Buch ein zweites Mal umzuarbeiten, und zwar in eine ausführlichere Form, die es zugleich den Ideen der neuen Zeit anpassen sollte. In dieser letzten Umarbeitung scheint es uns erhalten zu sein[13]. Eine kritische Edition, die versuchen müßte, die verschiedenen Phasen der Entstehung herauszuschälen, würde ohne Zweifel enorme Schwierigkeiten bereiten und kaum zu restlos befriedigenden Ergebnissen führen können[14], falls nicht die Lage der handschriftlichen Überlieferung dem Editor zu Hilfe käme.

4. *Jean d'Ibelin*

Der Verfasser war nach Beugnot ein Sohn des Bails von Zypern Philippe d'Ibelin und ein Neffe des alten Sire de Baruth[15]. Nach Grandclaude müßte seine Arbeit zwischen 1265 und 1266 verfaßt worden sein[16]. Ibelin starb gegen Ende des Jahres 1266[17].

5. *Jacques d'Ibelin*

Das Buch ist ein Abriß des Feudalrechts. Sein Autor war mit Jean d'Ibelin verwandt und befreundet und lebte nach Beugnot unter Hugo II. und Hugo III. von Zypern, die von 1253—1267 bzw. von 1267—1284 regierten. Sein Werk liegt später als das von Jean d'Ibelin. Aus einem bestimmten Ms. der Assisen von Jerusalem erfahren wir, daß Jacques d'Ibelin 1271 oder 1272 in Gegenwart König Eduards I. von England in St. Jean d'Acre eine Rede gehalten hat[18].

6. *Geoffroy le Tort*

Unter dem Titel eines „chambellan" hat der Verfasser dieses Buches eine Urkunde König Heinrichs I. vom Jahre 1247 unterzeichnet[19]. Beugnot war der Meinung, das Werk sei nur das Fragment einer längeren, verlorenen Arbeit[20].

7. *La Clef des Assises de la Haute Cour du Royaume de Jérusalem*

Das Werk könnte aus der Zeit Hugos III. von Zypern stammen (1267/84), der ein Enkel König Hugos I. von Zypern und des Fürsten Boemund IV. von Antiochien war, und der 1269 den Titel eines Königs von Jerusalem annahm. Hayek möchte es eventuell auf 1280—1291 datieren[21].

8. *Abrégé du Livre des Assises de la Cour des Bourgeois* (Quellenmäßiger Titel: Livre du plédéant et du plédeour)

Mitteis hat diese Arbeit als „eine späte, wenig originelle Kompilation" bezeichnet[22]. Beugnot will aus Worten des Autors schließen, daß er für das Königreich Zypern geschrieben habe[23], und zwar um die Mitte des 14. Jh.[24].

Nach Grandclaude[24] hat der Comte Beugnot in seiner zweibändigen Edition der Assisen von Jerusalem und Zypern nicht alle Mss. herangezogen, die schon zu seiner Zeit bekannt gewesen sind, sondern als Basis die am besten leserlichen und für die Interpretation am einfachsten genommen, die jedoch zugleich vom Original am weitesten entfernt sind. Eine Klassifizierung der Mss. hat er nicht versucht. Von den 28 uns heute bekannten Codices haben Beugnot nur 7 vorgelegen und sind von ihm benutzt worden. Eine kritische Edition würde bessere Texte ergeben und außerdem ermöglichen, eine große Anzahl jetzt im Text verstreuter Assisen zu gruppieren und zu datieren. Zugleich würde sie durch die Aufzeichnung vieler bisher nicht herausgegebener Varianten und deren annähernde zeitliche Fixierung interessante Einblicke in die Entwicklung juristischer Konzeptionen in Syrien und auf Zypern gestatten.

In einem Aufsatz: Liste des Assises remontant au premier royaume de Jérusalem (1099—1187) in den Mélanges Fournier hat GRANDCLAUDE den Versuch gemacht, eine Reihe von Assisen der ersten Könige aus dem Text BEUGNOTS herauszuschälen und zu datieren[26]. MITTEIS hat betont, daß die Assises de Jérusalem „formell" als Privatarbeiten, „materiell aber" als „staatlich gesetztes Recht" bezeichnet werden müßten[27]. Er vertrat die Ansicht, die königlichen Gesetze seien durch die späteren Rechtsbücher „aufgesogen und umgeformt" worden und „jetzt nur noch in dieser gewohnheitsrechtlichen Einbettung überliefert"[28].

Solange der Wunsch von GRANDCLAUDE und MITTEIS nach einer kritischen Neuausgabe der Assisen von Jerusalem und Zypern nicht erfüllt ist, sollten wir dankbar die umfangreiche und mühevolle Arbeit von BEUGNOT an den schwierigen Texten anerkennen, durch die er uns einen Einblick in die reiche Rechtsliteratur der Länder d'Outre-Mer vermittelt hat, und das vor 125 Jahren.

II. *Assises d'Antioche* reproduites en Français et publiées au sixième centenaire de la mort de Sempad le Connétable, leur ancien traducteur arménien (par Léon ALISHAN), Venise 1876

Das Original der sogenannten „Assisen von Antiochien" wurde, wahrscheinlich unter Boemund IV. le Borgne (1201—1235), der selber als Rechtskenner geschätzt war[1], von Sire Pierre de Ravendel und Sire Thomas le Maréchal sowie „anderen gelehrten und gebildeten Baronen" des Fürstentums Antiochien kompiliert[2]. Von diesen erhielt Sire Robert Mancel, Connétable von Antiochien, den Text, der ihn wiederum dem Connétable Sire Simon, seinem Sohne, übergab[3].

Sempad, Connétable des armenischen Heeres, Herr von Papéron, ein Bruder König Hethoums I.[4], erbat sich das Original von diesem Sire Simon, der sein naher Verwandter war[5], und übersetzte für sein eigenes Land diese Assisen (oder einen Teil derselben?) in den armenischen Dialekt von Cilicien[6] (vor 1265)[7]. Seine Version schickte er zur Prüfung an die Haute Cour von Antiochien, damit sie dort mit dem Original verglichen würde, und erhielt die Bestätigung, daß seine Übertragung „wortgetreu" sei[8]. Die Urfassung ist uns nicht erhalten.

Bei der Ausgabe von Léon ALISHAN handelt es sich um eine Rückübersetzung der alten Assisen oder doch wenigstens eines wichtigen Teils derselben[9] ins Neufranzösische unter Beigabe des armenischen Textes. Wenige Jahre vor der Edition war der von ihm benutzte armenische Text bei dem Armenier Manough Aslan in Konstantinopel entdeckt worden[10]. HAYEK meint, die Übersetzung Alishans lasse Wünsche offen[11]. Doch bietet die Edition immerhin die Möglichkeit, sachliche Übereinstimmungen mit anderen juristischen Texten festzustellen.

Anmerkungen

1 Const. Prooemium: in praesenti Nostrarum constitutionum corpore.

2 Const. I 31: Oportet ergo Caesarem fore justitiae patrem ...

3 Siehe Charles Homer HASKINS, The Normans in European History, London 1919, p. 247: „a small folk"; ebenda p. 199: „few in number". Nach Hans HOCHHOLZER, Sizilien als Beispiel der mittelmeerischen Kulturschichtung, HZ. 155, 1937, S. 20, dürften alle normannischen und staufischen Einwanderer zusammengenommen nur etwa 8000 Menschen betragen haben neben 1,6 Millionen sizilischer Mischungspartner, was kaum 0,5 % der Gesamtbevölkerung ausgemacht hat. Siehe auch S. 12 u. Ders., Kulturgeographie Siziliens, Geogr. Z. 41, 1935, S. 282. Eine Prüfung der einschlägigen Quellen hat durchaus ergeben, daß die Einwanderung in Apulien in kleineren und kleinen Gruppen erfolgt ist.

4 Siehe schon Karl NEUMEYER, Die gemeinrechtliche Entwicklung des internationalen Privat- u. Strafrechts bis Bartolus, Stück 1, München 1901, S. 244: „Es scheint, daß eine nennenswerte Einwanderung von Franken niederen Standes hier überhaupt nicht stattgefunden hat." Die Quellen betonen immer wieder, daß es sich bei den Einwandernden um milites gehandelt habe, daß sie arma et equi erhalten hätten und more militiae lebten u. ä.

5 Siehe HASKINS, The Normans in European History passim; ders., England and Sicily in the Twelfth Century, EHR. 26, 1911; NEUMEYER, Gemeinrechtliche Entwicklung, S. 236.

6 Regesta regni Hierosolymitani (1097—1291) ed. Reinhold RÖHRICHT (Burt Franklin Bibliographical and Reference Series 24), 2 vol., New York (1961?), Register in beiden Bdn. unter Normannus, Northmannus u. passim unter den Namen, die sich von süditalienischen Städten herleiten, sowie in vol. I unter Boemund und Guiscardus. Nach Guillaume de Tyr, Histoire des Croisades T. I livre IV p. 365 waren Tancred und Boemund zugegen, als Gottfried v. Bouillon die ersten Regelungen für das Königreich Jerusalem traf: siehe Dimitri HAYEK, Le droit franc en Syrie pendant les croisades, Paris 1925, p. 32. Zur Frage, ob das Assisenrecht des Königreichs Jerusalem wohl durch die Vermittlung heimkehrender Kreuzfahrer auf die Rechtsgestaltung in der Heimat Einfluß erlangt haben könnte, Heinrich MITTEIS, Zum Schuld- u. Handelsrecht der Kreuzfahrerstaaten, Beitr. z. Wirtschaftsrecht, Festschrift Ernst Heymann I, Marburg 1931, S. 239.

7 Guillaume de Jumièges Interpol. d'Orderic Vital VII 11 éd. Jean MARX in: Gesta Normannorum ducum 1914, p. 163: Ex his (von den Geroianern) filiorum et nepotum militaris turma propagata est, quae barbaris in Anglia vel Apulia seu Trachia vel Siria nimio terrori visa est.

8 Guillaume de Poitiers, Histoire de Guillaume le Conquérant. Editée et traduite par Raymonde FOREVILLE II 32 (Les Classiques de l'Hist. de France au Moyen-Age 23), Paris 1952 p. 228: Hujus milites Normanni possident Apuliam, devicere Siciliam, propugnant Constantinopolim, ingerunt metum Babyloni.

9 Gesta Tancredi in expeditione Jerosolymitana auctore Radulfo Cadomensi ejus familiari, MIGNE, P. L. CLV, c. 79, col. 544.

10 Ders. c. 49, col. 526: Tancredus castra locat... urbi propior. Post eum comites Northmannus et qui ei adhaerebant, ipsius Tancredique Flandrensis medius.
11 Ders. c. 116, col. 564: Igitur comites Normannus et Flandrensis in hac parte obsident... Dexter ab his Tancredus imminet.
12 Siehe schon NEUMEYER, Gemeinrechtliche Entwicklung, S. 235 ff.
13 Siehe schon ebenda, S. 291 u. Anm. 2.
14 Const. I 47: comitibus, baronibus et ceteris militaribus viris eorum judicia sibi invicem reservamus. Siehe auch unten S. 45.
15 Siehe schon Thea BUYKEN, Das römische Recht in den Constitutionen von Melfi (Wissenschaftl. Abh. d. Arb.-Gemeinsch. f. Forschg. d. Landes Nordrhein-Westfalen, 17), Opladen 1960, S. 55 u. Anm. 1198.
16 Statuta et Consuetudines Normannie (Coutumiers de Normandie ... publiés par Ernest Joseph TARDIF I, Rouen 1881), XXVI, p. 24: barones igitur et milites, legis statuta scientes; Très ancien Coutumier (Coutumiers de Normandie ... publiés ... par Ernest Joseph TARDIF I², Rouen 1903), XXVI 1, p. 22: li baron e li chevalier, qui sevent les establissemenz de la loi.
17 Ausgabe von Comte BEUGNOT, Assisses de Jérusalem ou Recueil des ouvrages de jurisprudence composés pendant le XIIIme siècle dans les royaumes de Jérusalem et de Chypre, Tome I et II (Recueil des Historiens des Croisades, Lois I et II), Paris 1841/43.
18 Assises d'Antioche reproduites en Français et publiées au sixième centenaire de la mort de Sempad le Connétable leur ancien traducteur arménien (par Léon ALISHAN), Venise 1876.
19 Philippe de Navarre ch. 86 BEUGNOT I, p. 559: Monseignor de Baruth diseit que il entendeit ...; ch. 69, p. 539: Et de tel endreit oï je parler a monseignor de Baruth le vieil maintes feis, et disoit...
20 BEUGNOT II, p. 326 note b: Le sire d'Arsur (Jean d'Ibelin!) n'était pas moins versé que tous les autres membres de sa famille dans la connaissance des usages judiciaires du royaume de Jérusalem.
21 Philippe de Navarre ch. 86 BEUGNOT I, p. 559: Messire Raou diseit ... Gemeint ist Raoul de Tabarie. Siehe Dimitri HAYEK, Le droit franc en Syrie pendant les croisades, Paris 1925, p. 104.
22 Philippe de Navarre ch. 86 BEUGNOT I, p. 559: Et Monseignor de Saieste diseit...; Assises d'Antioche Appendice Nr. I ALISHAN, p. 89: Et ce me distrent le Seignor de Seete, Mesire... et Sire... et je lor enquis ce...
23 Assises d'Antioche ALISHAN, p. 89: Et ce me distrent... Mesire Bellian et Sire Nicolle Antiaume...
24 BUYKEN, Das römische Recht, S. 24 u. 55 u. die Anmerkungen.
25 Const. III 27.
26 Siehe schon HASKINS, England and Sicily, p. 434: „the possibility of the actual influence of one form of government upon the other...“; ebenda: „a certain degree of probability can be established“; p. 435: „the possibility of reciprocal influence will have to be considered“.
27 Philippe de Navarre ch. 47 nach Dimitri HAYEK, Le droit franc, p. 36.
28 BEUGNOT I note a sur ch. 47 de Philippe de Navarre.
29 Die ersten Normannen wanderten etwa 1017 nach Apulien aus: Annales Beneventani ad 1017 MG. SS. III, p. 178, col. 1: Mense Maii venerunt Normanni in Apulia, et in mense Iunio fecerunt bellum cum Graecis.
30 Nach Raymonde FOREVILLE sind die Statuta et Consuetudines Normannie um 1199—1200 redigiert worden: Guillaume de Poitiers ed. FOREVILLE, p. 64, note 3.
31 Ebenda.
32 Dudonis Sancti Quintini De moribus et actis primorum Normanniae ducum. Nouv. edit. par Jules LAIR (Mém. de la Société des antiquaires de Normandie 3e série 3e

vol., 23e vol. de la collection 2e partie, Caen 1865) II 31 p. 171: Jura et leges sempiternas, voluntate principum sancitas et decretas, plebi indixit. Bes. erwähnt wird ebenda ein „bannum, ... ut nullus fur vel latro esset, neque quis assensum malae voluntatis ei praeberet", und der spezielle Schutz für Pflug und Pflugochsen (Guillaume de Jumièges Interpol. de Robert de Torigny II 19 ed MARX, p. 221, hat einen ähnlichen Text); Dudo III 38, p. 182: Tunc Rollo (über seinen Sohn): Legibus et statutis nostris constanter auxiliabitur jusque et decretum nostrum, hoc superstite, non delebitur; Dudo IV 88, p. 245: jura legesque et statuta Rollonis ducis tenere per omnia cogebat (über König Harald von Dänemark, der dem jungen Richard I. zur Hilfe gekommen ist).

33 Dudo von St. Quentin ed. LAIR IV 106, p. 269: angebat populos statutis legibus; IV 126, p. 292: sedebat eas (scil. seditionis causas) decretis legum et salutifera potestate.

33a Siehe z. B. unten S. 13, 19, 32, 35, 42, 47.

34 Siehe etwa den Urkundenanhang bei HASKINS, Norman Institutions, New York 1960 (republished) Appendix E, p. 285 sqs.

35 Der Text bei HASKINS, Norman Institutions App. D, p. 277 sqs. Siehe darüber unten S. 18, 31, 33.

36 Z. B. das Strandrecht, die Fehde, die Gottesurteile der Feuer- und Wasserprobe, der Zweikampf, der Vorbann.

37 Siehe Anm. 26.

38 BUYKEN, Das römische Recht, S. 49 ff.

39 Ebenda.

40 Siehe schon NEUMEYER, Gemeinrechtliche Entwicklung, S. 244: „... gewiß ist, daß das fränkische Recht mindestens seit den Constitutionen als reines Adelsrecht auftritt."

41 Darunter gehören z. B. die gesamten Gesetze, die sich mit dem Lehnswesen befassen: Const. III 5^1, III 5^2, III 8, III 12—III 27 u. a.

42 Const. I 25: Jure Francorum etiam, quod certas poenas in violentiis statuebat, in hac parte sopito. Gemeint ist etwa Statuta et Consuetudines XVII 2, TARDIF I, p. 19: si possessor convictus fuerit et male et injuste terram illam possederit, terram amittit et in misericordia ducis remanet pro difforciatione.

43 Const. II 31: Leges, quae a quibusdam simplicibus sunt dictae paribiles, ... a Nostris judiciis separamus. Siehe schon Hermann CONRAD, Das Gottesurteil in den Konstitutionen von Melfi Friedrichs II. von Hohenstaufen, Festschr. Walter Schmidt-Rimpler, Karlsruhe 1957.

44 Const. II 32: Praedictum igitur modum probationis, per pugnam videlicet, quo jure Francorum viventes hactenus utebantur ... de cetero volumus esse sublatum.

45 Const. II 33: laesae maiestatis reos, homicidas furtivos atque veneficos pugnae subicimus non tam judicio quam terrori.

46 Const. II 32: Praedictum igitur modum probationis, per pugnam videlicet ... tam in civilibus quam in criminalibus causis de cetero volumus esse sublatum. Bestätigend auch Const. I 22^2: probationibus ... extraordinariis, pugnae scilicet et legis paribilis, de jure Nostro sublatis.

47 Const. II 32: per probationes testium vel instrumentorum et similes, per quas plene possit probari veritas, convincatur.

48 Const. II 33: naturae non consonat, a jure communi deviat, aequitatis rationibus non consentit.

49 Const. III 37: Sancimus igitur praescriptionem anni, mensis, diei et horae, per quam aliquis de dominio suae rei cadebat et Francus de dissaisina queri non poterat, penitus amoveri, sed generales praescriptiones communis juris locum habere.

50 Const. II 17: Praesenti igitur tempore Francus contumax non, ut olim, causam amittat.

51 Ebenda: Speciale quoddam Francorum jus ... de medio tollere cupientes ... Cavillationes et captiones antiquas juris Francorum, quinzanas et momenta temporum, quae inter Francos litigantes in judiciis hactenus servabantur ..., submovemus.

52 Siehe Heinrich BRUNNER, Wort und Form im altfranzösischen Prozeß, SB. Wien 57, 1867, S. 661 ff. Da auch Quellenbelege aus verwandten Quellen.

53 Const. II 17: in judiciis [aliquam] discretionem habere non volumus personarum, sed aequalance, sive Francus sive Romanus sit sive Longobardus, qui agit [seu qui convenitur], justitiam sibi volumus ministrari.

54 Const. III 27.

55 Z. B. Const. I 22[1]: consuetudinibus, quae ... hactenus obtinebant, ... sublatis; III 26: consuetudinem ... hactenus audivimus tenuisse; III 30: consuetudine ... in posterum quiescente; III 37: consuetudinem ... in posterum ... silere praecipimus.

56 Z. B. Const. I 53[3]: observatio, quae hactenus obtinebat ... nolumus, quod de cetero observetur.

57 Const. II 31: nos, qui veram legum sapientiam prosequimur et aspernamur errores ...

58 Const. II 17: quoddam ... jus, immo, ut proprius loquamur, injuriam ... de medio tollere cupientes ...

59 Const. I 67: regni subjectorum consuetudines supervacuas ...

60 Const. III 26: consuetudinem pravam hactenus audivimus tenuisse; III 30: prava consuetudine in posterum quiescente.

61 Const. III 37: duram consuetudinem et iniquam ...

62 Const. I 53[3]: dira et dura observatio, quae hactenus obtinebat; I 48: Duram et diram poenam ... imperiali mansuetudine mitigantes.

63 Const. I 22[1]: illis consuetudinibus ... omnino sublatis.

64 Const. II 32: Consuetudinem autem, quae in quibusdam regni partibus obtinebat ..., funditus exstirpamus.

65 Const. I 67: Regiae maiestatis providentia exigit regni subiectorum consuetudines supervacuas radicitus exstirpare.

66 Const. I 22[2]: probationibus ... extraordinariis, pugnae scilicet et legis paribilis, de jure Nostro sublatis.

67 Const. II 31: Leges, quae ... sunt dictae paribiles ...

68 Summa de legibus Normanniae in curia laicali (Coutumiers de Normandie ... publiés ... par Ernest-Joseph TARDIF II, Paris 1896) VII 4, p. 25: nisi ... per legem apparentem sasinam vel jus suum probare obtulerit; LIX 5 TARDIF II, p. 148: de simplici plegiatione nemo ducitur ad legem apparentem; LXVI 5 TARDIF II p. 166: Criminalis [scil. querela] autem est que per legem apparentem deducitur ab adversis partibus; Glanvilla, De legibus et consuetudinibus regni Angliae ed E. WOODBINE (Yale Historical Publications, Mss. and edited texts XIII, New Haven 1932), XIV 1, p. 175: per legem apparentem purgandus est; XIV 2, p. 177: Ob infamiam autem non solet aliquis iuxta legem terrae per legem apparentem se purgare.

69 Summa LXXX 2 TARDIF II, p. 195: Ecclesia autem legibus apparentibus omnes dies treuge ecclesiastice prohibet.

70 Dudo von St. Quentin II 32 ed. LAIR, p. 172, über die Feuerprobe in der Normandie: Tu quantocius villam pete, atque auctorem furti ignifero judicio inquire ... igne examinavit ... igne tentatum ... per ignis supplicium ...

71 Const. II 31: qui naturalem candentis ferri calorem tepescere ... confidunt, aut qui reum criminis constitutum ob conscientiam laesam tantum asserunt ab aquae frigidae elemento non recipi.

72 Ebenda: Eorum etenim sensum non tam corrigendum duximus quam delendum.

73 Ebenda: ipsas leges paribiles, quae absconsae deberent a veritate potius nuncupari.

74 Statuta et Consuetudines L 3 TARDIF I, p. 41: Et si antequam convincatur de malicia illa, puellam illam ducere voluerit, illam accipiat in uxorem; si parentes puelle et puella voluerint, hoc licebit; Très ancien Coutumier L 3 TARDIF I[2], p. 37:

E se il veut prandre la mechine a fame einz que il soit convaincuz de sa malice, il l'ait a fame, se li parant a la mechine e elle le vuelent; Glanvilla XIV 6 ed. WOODBINE, p. 178: Ante judicium tamen receptum est quod de licentia principis vel eius iustitiarum cum parentum assensu, possunt mulier accusans et acccusatus beneficio coniugii sibi invicem reconciliari; Ass. de la Cour des Bourgeois ch. 134 BEUGNOT II, p. 92: se le pere ou la mere de la garce... veulent avoir merci de celui qui l'a despucelée, et il est tés hom qui li afiere, si la deit prendre por feme.

75 Const. I 22[1]. Siehe BUYKEN, Das römische Recht, S. 28.

76 Siehe Siciliens mittelalterliche Stadtrechte . . . hrsg. und dem Inhalte nach systematisch dargestellt von Wilhelm v. BRÜNNECK, Halle 1881, S. 84 u. 85 Anm. 2.

77 Const. III 28 De filiis clericorum.

78 Acta imperii inedita saeculi XIII, hrsg. von Eduard WINKELMANN, Innsbruck 1880, Bd. I, S. 628 f., Nr. 808.

79 Const. III 26.

80 Ebenda.

81 Ebenda: juri communi derogatur.

82 Siehe Heinrich MITTEIS, Zur Geschichte der Lehnsvormundschaft, Festschr. Alfred Schultze, Weimar 1934, S. 155 f.

83 Const. III 30: prava consuetudine, quae hactenus balios a ratiociniis eximebat, in posterum quiescente. Glanvilla VII 9 §6 spricht ebenfalls nicht von Rechnungslegung. Befreiung davon nimmt BEUGNOT I, p. 495 Anm. d auch für das Königreich Jerusalem an.

84 Const. Prooemium: In quas praecedentes regum Siciliae sanctiones... jussimus esse transfusas, ut ex eis quae in praesenti Nostrarum constitutionum corpore minime continentur nec robur aliquod neque auctoritas aliqua in judiciis vel extra judicia possint assumi.

85 Ass. Vat. I bei Gennaro Maria MONTI, Lo stato Normanno-Svevo. Lineamenti e ricerche, Trani 1945, p. 116: moribus, consuetudinibus, legibus non cassatis, pro varietate populorum nostro regno subiectorum, sicut usque nunc apud eos optinuit, nisi forte nostris his sanctionibus adversari quid in eis manifestissime videatur. Siehe schon BUYKEN, Das römische Recht, S. 55 u. Anm. 1203.

86 Const. I 38: Nihil veterum principum auctoritati subtrahimus, si juxta novorum temporum qualitatem ... nova jura producimus, si novis abusibus nova remedia reperimus.

87 Const. I 72[1]: Constitutionum praedecessorum Nostrorum defectum necessario supplemento supplentes...

88 Const. I 38[1]: statuta praedecessorum... quandam ex longinqua guerrarum turbatione quodammodo contraxisse rubiginem... veterum statutorum caliginem... lima detegere et consilii plenitudine supplere defectum.

89 Const. II 28 u. II 29.

90 Const. III 56: constitutione regia... in hac parte remota.

91 Const. III 57: poenam divae memoriae regis Guillelmi... constitutione sancitam competenti moderamine moderantes; III 89: Poenam praecedenti sanctione statutam imperialiter mitigantes...

92 Const. I 7: prout regis Guillelmi [tempore], consobrini Nostri et praedecessoris ... solutae fuerunt.

93 Const. III 84: Lenas ... juxta divae memoriae regis Rogerii, avi nostri, statuta puniri censemus.

94 Const. III 29.

95 Const. III 26: balium... alii... juxta approbatam regni consuetudinem concedendum.

96 MONTI, Lo Stato Normanno-Svevo, pp. 114 sqs. Siehe schon Carlo Guido MOR, Le „Assise" ruggeriane non accolte nel „Liber Augustalis", VIII Centenario della morte di Ruggero II, Atti del convegno internazionale di Studi Ruggeriani 1954

vol I, Palermo 1955; neuerdings Hermann DILCHER, Normannische Assisen und römisches Recht im sizilischen Stauferreich. Aktuelle Fragen aus modernem Recht u. Rechtsgesch., Gedächtnisschr. f. Rudolf Schmidt, Berlin 1966, S. 463 ff.

97 MONTI hat den Druck von HUILLARD-BRÉHOLLES und die Hdschr. Vat. Lat. 6770 benutzt. Siehe Lo Stato Normanno-Svevo, p. 114 no. 1.

98 MONTI, pp. 161 sqs.

99 Vergl. z. B. MONTI, p. 177 col. 1: Rex Guillelmus, col. 2: Rex Rogerius; p. 178 col 1: Idem rex, col. 2: Idem.

100 MONTI, pp. 103 sqs.

101 Z. B. bei I 3, I 4, I 5, I 14, I 20, I 36^{1}, II 41, III 67, III 69, III 76, III 77, III 82, III 88.

102 Z. B. bei III 2, III 62, III 63, III 65, III 66, III 68, III 79.

103 Z. B. in I 61^{2}, I 67, III 22, III 59, III 73, III 78, III 86.

104 MONTI, p. 113.

105 23 Assisen, MONTI, p. 113.

106 MONTI, p. 113. Gemeint sind Const. II 27: MONTI, p. 110 und Const. III 34: MONTI, p. 112.

107 Const. II 18: MONTI, p. 111.

108 Z. B. Const. I 3, I 4, I 5, I 20, II 41 u. ö. Über die „einfachen, lapidaren Sätze" Rogers II. schon Karl Andreas KEHR, Die Urkunden der normannisch-sicilischen Könige, Innsbruck 1902, S. 273.

109 Z. B. Const. I 6^{1}, III 31, III 83 u. ö.

110 MONTI, pp. 103 sqs. Nach Monti haben sich noch Angelo CARUSO und Romualdo TRIFONE zu Gesetzen Friedrichs II. geäußert (CARUSO, Indagini sulla legislazione di Federico II di Svevia per il regno di Sicilia. Le leggi pubblicate a Foggia nell'Aprile 1240, Archivio Storico Pugliese 1951, pp. 41 sqs.; ders., Le leggi di Federico II pubblicate a Barletta nel mese di Ottobre del 1246, Studi in onore di R. Filangieri, 1959, pp. 217 sqs.; TRIFONE, Il diritto Romano comune e diritti particolari nell'Italia meridionale, Ius Romanum Medii Aevi pars V^{2}, Mediolani 1962. Die im Druck befindliche neue Ausgabe des Constitutionentextes nach einer vatikanischen Handschrift (Hrsg.: Hermann CONRAD, Thea v. d. LIECK-BUYKEN und Wolfgang WAGNER) enthält eine Tabelle mit den Ansichten der Forscher über die einzelnen Stücke nach dem neusten Stand.

111 Siehe die Anmerkungen zu MONTI, pp. 103 sqs., auch bes. p. 105.

112 Hans NIESE, Die Gesetzgebung der normannischen Dynastie im Regnum Siciliae, Halle 1910. Nach S. 199 plante Niese schon eine ausführlichere Untersuchung auch des Liber Augustalis.

113 Const. I 8 u. I 9: guerra (afrz. guerre, germ. werra); Const. I 62^{2}: forestagium (von afrz. forest = hors des murs); Const. II 39: recredens (afrz. recreant); Const. III 26 u. III 30: balium (afrz. bail); Const. III 26: paragium (afrz. parage).

114 Z. B. Const. I 17.

115 Statuta et Consuetudines LXX TARDIF I, p. 64: de rebus per vim ablatis, quod roberia vulgo dicitur; Summa XL 1 TARDIF II, p. 122: Puerperii autem infirmitas, que gesina vocatur; Summa LIII 1 TARDIF II, p. 141: De clamore illo qui vulgariter dicitur harou; Summa LXXXV 9 TARDIF II, p. 204: De prostratione ad terram, quod cadabulum dicitur, u. ö.

116 Const. I 17.

117 Const. II 32.

118 Const. II 3.

119 Const. I 8: si armis molitis impugnatus fuerit; I 44: arma moluta; I 69^{2}: de burgensaticis; I 66^{2}: contemptas assisiarum poenas; II 39: in recredentis vocem prorumpere u. a.

120 Wie z. B. Const. I 17: mellede. Das Wort ist eingebettet in einen Text, in dem die römisch-rechtliche iniuria (hier: Verbalinjurie) nebst rixa und violentia vorkommen.

121 Buyken, Das römische Recht, S. 9 f.

122 Const. I 66^{2}: assisiarum poenas; I 72^{1}: quae in Nostris et regum assisiis continentur; II 7: secundum generalem assisiam regni Nostri; II 10: cuilibet custodi per diem grana tredecim secundum assisiam curiae tribuantur; III 53: volumus infrascriptas assisias inviolabiliter observari.

123 Summa XXII 4 Tardif II, p. 61: Est autem assisia congregatio cum justiciario militum et virorum certo loco et certo termino XL dierum spatium continente; Summa LIV 1 Tardif II, p. 144: Assisia autem est curia in qua quod factum est in jure debet firmitatem perpetuam retinere.

124 Philippe de Navarre ch. 48 Beugnot I, p. 523: et ce que l'on en a oï et entendu des sages homes qui jadis furent et qui asseis sorent dou fait de la court, ce tient l'on por assise; Ass. of Clarendon (1166) c. 22 ed. Stubbs in: Select Charters and Other Illustrations of English Constitutional History from the earliest Times to the Reign of Edward the First, Oxford 1900^{8}, p. 146: Et vult dominus rex quod haec assisia teneatur in regno.

125/6 Siehe schon Haskins, Norman Institutions, p. 211, Littleton folgend: „The word ‚assize' ... was ... carried over from the royal or ducal assizes which established the procedure by recognition to that form of procedure itself"; siehe auch note 63 u. 64.

127 Z. B. Const. I 44: Quae igitur ad ipsorum cognitionem pertineant, praedecessorum Nostrorum assisiis comprehensa ...; I 72^{1}: quae in ... regum assisiis continentur.

128 Const. II 7: secundum generalem assisiam regni Nostri; II 10: secundum assisiam curiae.

129 Const. I 60^{2}, I 61, I 67, II 7, II 10.

129a Const. I 60^{2}: Magistros camerarios regionum assisias rerum venalium per singulas civitates et loca volumus ordinare. Ein Beispiel für eine Assise über Abgaben für Einfuhr und Ausfuhr von Obst (Äpfel, Kastanien, Walnüsse, Haselnüsse und andere Früchte), die in San Germano erlassen wurde, bei Richard von San Germano I 82 (Ryccardi de Sancto Germano notarii Chronica a cura di Carlo Alberto Garufi, Rer. Ital. SS. VII 2), p. 183: in Sancto Germano huiusmodi sunt imperiales Ascisie publicate: Cives in terris eorum pro mercibus suis quas intromittent vel extrahent nichil solvent, nisi quod olim solvebant. De pomis, castaneis, nucibus, avellanis, et aliis fructibus in iure Curie servabitur forma antiqua etc. Schon Bartolomeo Capasso hat übrigens in seiner Abhandlung Sulla Storia Esterna delle Costituzioni di Federico II, Atti dell'Accad. Pontaniana IX, Napoli 1871, p. 383 und nota 2, auf diese Bedeutung des Wortes assisa hingewiesen: „... tariffa delle opere e delle cose venali e specialmente dei commestibili si dissero presso i Normanni e i Franchi ... Assise."

130 Vergl. z. B. Statuta et Consuetudines LXXI Tardif I, p. 66: Sciatis quia in presentia ... episcoporum et omnium baronum meorum subscriptorum communi consilio et assensu hoc ... statutum et firmatum est; Assizes of Northampton c. 7 ed. Stubbs^{8}, p. 152: quae assisa est per consilium regis, filii sui et hominum suorum; Dudo II 31 ed. Lair, p. 171: Jura et leges sempiternas voluntate principum sancitas et decretas plebi indixit (Rollo); IV 128 ed. Lair, p. 297: Tunc ille (der sterbende Richard I.): Qui fungitur meo nomine, vestri consilii auctoritate, dux et comes haeresque erit haereditatis meae; Ordericus Vitalis V 5 ed. Le Prévost II, p. 315/16: de statu ecclesie Dei totiusque regni providentia regis cum baronum suorum consilio utiliter tractatum est (über das Konzil von Julia Bona 1080). Über die starke mitbeschließende Stellung der normannischen Großen s. schon Ludwig Buisson, Formen normannischer Staatsbildung (9.—11. Jh.) (Stud. z. mal. Lehnswesen = Vortr. u. Forsch. Bd. V, hrsg. von Theodor Mayer), Konstanz 1960, S. 129.

131 Const. III 53.
132 Vergl. z. B. C 11,7 (6), 1: Perpensa deliberatione duximus sanciendum.
133 Vergl. z. B. D 26,7,5,8: sed viris bonis conveniet salubre consilium matris admittere.
134 Const. I 60[2].
135 Const. I 88[1]: Paludes etiam [et] nemorosa loca ... cum indemnitate Nostra necnon consilio Nostrorum fidelium exstirpanda et colenda concedant.
135a Const. I 87: idem magister procurator una cum magistro camerario supradicto cum sigillis suis, judicum aliorumque Nostrorum fidelium loci, qui super hoc consilium dederunt ...
136 Buyken, Das römische Recht, S. 10 f. mit Anm.
137 Ebenda, S. 12 u. Anm. 171.
138 Summa XVI 4 Tardif II, p. 47: Ex eo tamen dux Normannie debet quedam habere, que ad ipsum specialiter pertinent ex antiquissima ducatus dignitate. Siehe schon Niese, S. 164 u. Anm. 4.
139 Leges Henrici 10,1 (Die Gesetze der Angelsachsen ed. Felix Liebermann, Bd. I, Halle 1903), p. 556: Hec sunt iura que rex Anglie solus et super omnes homines habet in terra sua ... maris leganum. Auf das Strandrecht des englischen Königs weist auch hin Niese, S. 164 u. Anm. 4.
140 Const. I 61[2]: item de hiis, quae ex naufragio curiae Nostrae debentur, cum ex naufragiis, quorum res sunt, aliqui vel ex eis successores legitimi non supersint.
141 Buyken, Das römische Recht, S. 27 u. Anm. 568.
142 Siehe Anm. 368.
143 Statuta et Consuetudines LXVII Tardif I, p. 61: De verisco; Très ancien Coutumier LXVII 1 Tardif I[2], p. 53: De wereq.
144 Statuta et Consuetudines LXVII 1 Tardif I, p. 62.
145 Très ancien Coutumier LXVII 1 Tardif I[2], p. 53.
146 Summa XVI 4 Tardif II, p. 47: Ex eo tamen dux Normannie debet quedam habere, que ad ipsum specialiter pertinent ex antiquissima ducatus dignitate.
147 Const. III 35.
148 Statuta et Consuetudines LXVII 1 Tardif I, p. 62: aurum et argentum, ebur et rohallum, varium, grisum sine fibulis, sabelinas et pannos sericos, trossellum ligatum, dextrarios, francos canes et aves, accipitres, nisos et falcones; Très ancien Coutumier LXVII 1 Tardif I[2], p. 53: l'or e l'argent, e l'ivuirre, e le rohal, e le vair, e le gris, e les piaus sebelines, e les dras de soie, le trossel lié, les destriers, e les frans chiens, les frans oisiaus, e les ostoirs, e les faucons.
149 Statuta et Consuetudines LXIX Tardif I, p. 64: Dixerunt eciam quod thesaurus inventus Ducis est. Siehe schon Niese, S. 164.
150 Consuetudines et Justicie § 4 bei Haskins, Norman Institutions, Appendix D, p. 282: Nulli licuit in Normannia fossatum facere in planam terram nisi tale quod de fundo potuisset terram iactare superius sine scabello, et ibi non licuit facere palicium nisi in una regula et illud sine propugnaculis et alatoriis. Et in rupe vel in insula nulli licuit facere fortitudinem, et nulli licuit in Normannia castellum facere, et nulli licuit in Normannia fortitudinem castelli sui vetare domino Normannie si ipse eam in manu sua voluit habere.
151 Guillaume de Poitiers I 10 ed. Foreville, p. 20: Normanni superati ... ad jussum ejus festinanter ac funditus destruxere munitiones novarum rerum studio constructas.
152 Ordericus Vitalis (Ausgabe: Orderici Vitalis Historiae ecclesiasticae libri tredecim ... emendavit et suas animadversiones adjecit Augustus Le Prévost, 5 vol., Parisiis 1838—1855) XI 23 ed. Le Prévost IV, p. 236/37: Henricus siquidem rex omnes inimicos suos ... humiliavit, ac adulterina castella, quae Rodbertus vel seditiosi condiderant, prostravit.

153 Ebenda, XII 39 ed. LE PRÉVOST IV, p. 462: Poro illi qui erant in arce de Guataevilla reconciliati sunt regi, munitione reddita, quam rex principali disciplina humo tenus dirui paulo post praecepit.

154 Leges Henrici 10,1 ed. LIEBERMANN I, p. 556: De iure regis.

155 Assizes of Northampton, c. 8 ed. STUBBS[8], p. 152: Item Justitiae provideant quod castella diruta prorsus diruantur et diruenda bene prosternantur.

156 Const. III 33: In locis domanii Nostri aedificia erigi [in posterum] prohibemus, per quae ipsorum locorum defensio vel munimen ... valeant impediri.

157 Ebenda: In praedictis locis turres amodo erigi per privatos expressius inhibemus.

158 Const. III 33: per quae ipsorum locorum ... liber introitus et exitus valeant impediri.

159 Gaufredus Malaterra IV 24: Accidit, ut ... Malfetani urbe et castris ... pro libitu suo utentes ... et ipsi duci ad eamdem urbem accedendi ... aditum denegarent.

160 Const. III 32: Castra, munitiones et turres ab obitu ... regis Guillelmi ... erecta, super quibus minime diruendis maiestatis Nostrae licentia non processit ... renovata constitutione denuo dirui debere mandamus.

161 Ass. von Capua (1220) XIX, Richard von San Germano ed. GARUFI, p. 92: Precipimus etiam ut omnia castra, munitiones, muri et fossata, que ab obitu regis Guillelmi usque ad hec tempora de novo sunt facta in illis terris et locis, que non sunt in manus nostras, assignentur nuntiis nostris, ut ea funditus diruantur.

162 Richard von San Germano zu 1223 ed. GARUFI, p. 109: Castrum Carpenonis diruitur et alia quam plura de novo firmata in comitatu Molisii et per loca alia secundum statuta imperialia dudum Capuae edita evertuntur.

163 MG. Const. II Nr. 304, p. 419 c. 1: Statuentes in primis, quod nullum novum castrum vel civitatem in preiudicium principum construere debeamus. Siehe Hans PLANITZ, Deutsche Rechtsgeschichte, Graz 1950, S. 133; Hermann CONRAD, Deutsche Rechtsgeschichte, Bd. I, Karlsruhe 1962[2], S. 264/65.

164 MG. Const. II Nr. 171, p. 211.

165 Siehe Heinrich MITTEIS, Deutsche Rechtsgeschichte, neubearb. von Heinz LIEBERICH, 6. Aufl., München 1960, S. 92. Günstiger urteilt Erich KLINGELHÖFER, Die Reichsgesetze von 1220, 1231/32 u. 1235. Ihr Werden u. ihre Wirkung im deutschen Staat Friedrichs II. (Qu. u. Stud. z. Verf.gesch. d. dt. Reiches in MA. u. Neuzeit 8,2), Weimar 1955, bes. S. 220 ff.

166 Glanvilla XIII 33 ed. WOODBINE, p. 172: Questus est mihi N. quod R. iniuste et sine iudicio desaisiavit eum de libero tenemento suo in illa villa post ultimam transfretationem meam in Normanniam; ders. XIII 36 ed. WOODBINE, p. 173: Questus est mihi N. quod R. iniuste et sine iudicio exaltavit stagnum molendinis sui in illa villa ... post ultimam transfretationem meam in Normanniam.

167 Const. II 29: Cum concessiones et privilegia ... quae proximo turbationis tempore post Nostram transfretationem ... concessa fuerunt, mandaverimus revocari.

168 Siehe oben S. 13.

169 Glanvilla II 13 ed. WOODBINE, p. 66: Facile est autem inde formare brevia; II 14, p. 66: Et per tale breve fiet summonitio. Beispiele für brevia: Statuta et Consuetudines LXXIII 2 TARDIF I, p. 70; LXXIV 2 u. 3 TARDIF I, p. 72; LXXV 1 TARDIF I, p. 73; Glanvilla I 6 ed. WOODBINE, p. 43; I 8, p. 44; I 13, p. 45; I 14, p. 46; I 15, p. 46 u. ö.

169a Const. I 74.

169b Const. I 66[2].

169c Const. I 74: integre Nostris aerariis applicentur.

169d Siehe Heinrich MITTEIS, Deutsche Rechtsgeschichte, neu bearb. von Heinz LIEBERICH, 6. Aufl., S. 43; ebenso Hermann CONRAD, Deutsche Rechtsgeschichte, Bd. I 2. Aufl., S. 93.

169e Dudo von St. Quentin II 31 ed. LAIR, p. 171: bannum ... misit, quod est prohibitio, ut nullus fur vel latro esset ...

169f Const. I 66[2]: De quorum bannorum numero fore censemus poenas partibus... litigantibus inducendas, quae forsan irreverenter ad ipsos (scil. judices) vel invicem insolenter in judicio litigabunt...

169g Const. I 66[2]: Poenas bannorum etiam ab eisdem... exigant...

169h Const. I 74: obventiones omnes, quae de tricesimis, poenis legitimis seu judicialibus mulctis, bannis aut quibuslibet similibus... baiulis... obveniunt...

170 Buyken, Das römische Recht, S. 13—15 u. die Anm. dazu.

171 Const. II 20: quae omnia per marescalcum Nostrum vel alium, qui exercitui Nostro pro tempore de mandato Nostro praeerit,... probari debebunt.

172 Siehe Planitz, Deutsche Rechtsgeschichte, S. 118; Conrad, Rechtsgeschichte Bd. I, 2. Aufl., S. 97 und S. 239.

173 Const. I 72[2]: circa compalatios autem Neapolis ... nihil volumus immutari.

174 Siehe schon Ernst Mayer, Italienische Verfassungsgeschichte von der Gothenzeit bis zur Zunftherrschaft, Bd. II, Leipzig 1909, S. 186/188.

175 Romuald von Salerno (Romualdi II archiepiscopi Salernitani Annales, MG. SS. XIX), p. 423 (um 1135): Rex autem Rogerius ... pro conservanda pace camerarios et justiciarios per totam terram instituit.

176 Statuta et Consuetudines L Tardif I, p. 40: in continenti festinare [debet] ad primam justiciam Ducis; LIX Tardif I, p. 50: quoniam justicia ducis eum ... ceperat.

177 Z. B. Glanvilla XII 19 ed. Woodbine, p. 155: quae per iustitias meas (versch. Handschr.: iustitiarios meos) de partibus illis iniuncta est tibi et H. coram vobis capere eam ...; Magna Carta. A Commentary on the Great Charter of King John. With an historical introduction by William Sharp McKechnie, New York 1958[2], Praeambel p. 185; c. 18, p. 269: mittemus duos justiciarios per unumquemque comitatum per quatuor vices in anno; c. 45, p. 431: Nos non faciemus justiciarios... nisi...; c. 48, p. 438: ita quod nos hoc sciamus prius, vel justiciarius noster.

178 Siehe Buyken, Das römische Recht, S. 13.

179 Siehe z. B. die Rubrica zu Const. I 38[1]: De ordinatione magistri iust. In der Hdschr. Vat. Lat. 6770 ist die Kürzung iust., z. B. I 18, I 19 u. ö., häufig. I 53[1] hat iustitia. Weitere Belege würde der Variantenapparat einer kritischen Edition erbringen.

180 Statuta et Consuetudines II 1 Tardif I, p. 1: capitali justicia nesciente; II 2 Tardif I, p. 2: Duci vel ejus justicie capitali eorum ostendatur iniquitas; LXX Tardif I, p. 65: de treuga data coram justiciis Regis; Charta Henrici I Le Prévost V Appendix, p. 202: Henricus Dei gratia rex Anglie etc.... justiciis... salutem; Glanvilla IX 8 ed. Woodbine, p. 231: tunc decurrendum erit ei ad regium auxilium vel capitalis iustitiae; XI 1, p. 146: Solet autem id fieri coram iustitiis domini regis; XII 19, p. 155: per iusticias meas (versch. Hdschr.: iusticiarios meos).

181 Summa IV 1 Tardif II, p. 8: A justicia vero justiciarius nomen accepit.

182 Const. I 44: Justitiariis nomen et normam jus et justitia contulerunt.

183 Z. B. Const. I 8: coram magistro justitiario [et justitiariis regionum]. Siehe schon Buyken, Das römische Recht, S. 13 u. Anm. 184.

184 In der Normandie heißt der höchste Beamte dieser Sparte capitalis justitiarius, in England summus oder capitalis justitiarius. Statuta et Consuetudines I 2 Tardif I, p. 1: Duce vel ejus capitali justicia nesciente; George Phillips, Englische Reichs- und Rechtsgeschichte seit der Ankunft der Normannen im Jahre 1066 nach Christi Geburt, Bd. II, Berlin 1828, S. 48: „Die Stelle des Königs in der Curie wird häufig durch eine andere Person vertreten, welche unter der Benennung des Summus Justitiarius totius Angliae ... vorkommt"; Ordericus Vitalis XIII 26 ed. Le Prévost V, p. 68: cujus in Anglia... potentia, utpote capitalis justiciarii, magna fuerat; Magna Carta c. 18 McKechnie, p. 269: capitalis justitiarius noster.

185 Stubbs, Select Charters[8], p. 130: A. D. 1176... venit dominus rex usque Norhamtoniam, et magnum ibi celebravit concilium de statutis regni sui ... et per consilium comitum et baronum et militum et hominum suorum hanc subscriptam assisam fecit, et eam teneri praecepit; scilicet quod regnum suum divisit in sex partes per quarum singulas tres Justitias constituit.

186 Glanvilla VIII 5 ed. Woodbine, p. 120: distinguendum est utrum concordia illa facta fuerit in capitali curia domini regis an coram iusticiis itinerantibus; Assizes of Northampton c. 7 Stubbs, Select Charters[8], p. 152: per quos ituri sunt comitatus.

187 Const. I 38[2]: apud justitiarios regionum... causas audiri volumus; I 53[4]: nec alii justitiarii regionum...; I 57[2]: Justitiarios regionum... sollicitos volumus esse; I 66[1]: justitiario regionis assignet.

188 Const. III 56: provinciarum justitiariis assignari mandabat.

189 Ebenda: cum dispendium esset propter damnum forte modicum provinciam circumire.

190 Const. I 52[1]: Civitates et loca jurisdictionum suarum continua discursione perquirant.

191 Summa IV bis 1 Tardif II, p. 12/13: Solebat autem antiquitus quidam justiciarius predictis superior per Normanniam discurrere, qui senescallus principis vocabatur... Et sic discurrens per Normanniam singulis trienniis singulas partes Normanniae et ballivias visitabat.

192 Magna Carta c. 18 McKechnie, p. 269: mittens duos justiciarios per unumquemque comitatum per quatuor vices in anno, qui... capiant in comitatu et in die et loco comitatus assisas predictas.

193 Ass. von Capua I c. 18 bei Richard von San Germano ed Garufi, p. 92: Item precipimus ut nulla ecclesiastica persona vel secularis pro aliqua consuetudine hactenus facta presumat in terris suis officium iustitiariae modo quolibet exercere.

194 Const. I 49: Quod nullus praelatus, comes, baro officium justitiarii gerat.

195 Z. B. merum imperium, celsitudo Nostra, Nostra maiestas, edictum, locorum universitates, officium gerere, excellentia Nostra, Nostrum culmen, publicatione mulctare.

196 Capitula Placitorum Coronae Regis (unter Richard Löwenherz) c. 21, Stubbs, Select Charters[8], p. 260: Et nullus vicecomes sit justitiarius in vicecomitatu suo, nec in comitatu quem tenuerit post primam coronationem domini regis. Siehe schon Niese, S. 171 u. Anm. 2.

197 Const. I 41: ut, si quando magister justitiarius civitatem quamlibet vel locum intraverit, quousque in eodem loco magister justitiarius ipse... curiam Nostram tenuerit, justitiarius regionis... silere debebit.

198 Siehe Schröder-v. Künssberg, Lehrbuch d. dt. Rechtsgesch., Berlin 1922[6], S. 194 u. Anm. 106.

199 Sachsenspiegel Ldr. III. 60 § 2: In swelke stat [des rikes] de koning kumt binnen deme rike, dar is eme ledich munte unde toln, unde in swelk lant he kumt, dar is eme ledich dat gerichte. Siehe Hermann Conrad, Deutsche Rechtsgesch., Bd. I, Karlsruhe 1962[2], S. 374.

200 Const. I 44. (Ass. Cass. XXXVI!)

201 Summa XI 1 Tardif II, p. 37.

202 Glanvilla I 2 ed. Woodbine, p. 42.

203 Jean d'Ibelin ch. 104 Beugnot I, p. 174: ... ou d'aucune chose que l'on pert vie ou membre.

204 Statuta et Consuetudines LIII Tardif I, p. 43: De placitis ensis ad ducem pertinentibus; LIV, p. 44: et hec per placita teneri non possunt nisi in curia Ducis; LXX p. 64: Dixerunt eciam quod hec placita ad ensem Ducis pertinent; Très ancien Coutumier LIII 1 Tardif I[2], p. 40: Ci sont li plet qui apartienent au duc; LIV 1, p. 40:

cist plet e ces jurees ne pueent estre tenu fors en la cort le duc; LXX 1, p. 54: Il distrent que cist plet apartienent a l'espee le duc; Summa XI 1 Tardif II, p. 37; Glanvilla I 2 ed. Woodbine, p. 42.

205 Const. I 44.

206 Statuta et Consuetudines LIV Tardif I, p. 44: roberia per pacem facta; LXX, p. 64: De rebus per vim ablatis, quod roberia vulgo dicitur.

207 Très ancien Coutumier LIV 1 Tardif I[2], p. 40: e de roberie fete en tens de pes; LXX 1, p. 55: des choses tolues par force, que l'en apelle communement roberie.

208 Summa XI 1 Tardif II, p. 37.

209 Statuta et Consuetudines LIII Tardif I, p. 43.

210 Très ancien Coutumier LIII 1 Tardif I[2], p. 40.

211 Statuta et Consuetudines LXX Tardif I, p. 65: similiter de assultu excogitato.

212 Très ancien Coutumier LXX 1 Tardif I[2], p. 55: e [d'] assaut.

213 Statuta et Consuetudines LXX Tardif I, p. 64/65: similiter de incendio, id est de domibus vel segetibus combustis.

214 Très ancien Coutumier LXX 1 Tardif I[2], p. 55: e d'arson, ce est de mesons arses e de blez ars.

215 Summa XI 1 Tardif II, p. 37.

216 Statuta et Consuetudines LIV Tardif I, p. 44: raptus; LXX, p. 64: similiter de raptu, videlicet de femina per vim stuprata.

217 Très ancien Coutumier LIV 1 Tardif I[2], p. 40: e de fame prise a force; LXX 1, p. 55: e de fame prise par force.

218 Summa XI 1 Tardif II, p. 37.

219 Const. I 44.

220 Statuta et Consuetudines XVI 1 Tardif I, p. 17: Si aliquis aliquem... insultaverit armo moluto...

221 Très ancien Coutumier XVI 1 Tardif I[2], p. 25: e il li fet sanc o arme esmolue...

222 Philippe de Navarre ch. 75 Beugnot I, p. 546: se le clamor esteit de cop d'arme esmolue...

223 Hilaire Van Daele, Petit Dictionnaire de l'ancien Français, Paris 1939, unter esmoldre, pp. esmolu.

224 Philippe de Beaumanoir, Les Coutumes du Beauvaisis XXX 34. Nouvelle édition par le Comte Beugnot, Tome I, Paris 1842, p. 421: ou li sires deffent à porter coutel apointé ou aucune autre armeure molue.

225 Siehe unten S. 33 u. 34.

226 Statuta et Consuetudines XVI Tardif I, p. 17: De insultatione ... ad car[r]ucam; LIII, p. 43: et carruce insultatio; LXX, p. 65: similiter de assultu ad carrucam; Très ancien Coutumier LIII 1 Tardif I[2], p. 40: as[s]auz de charrue; LXX 1, p. 55: e [d']assaut de charrue.

227 Statuta et Consuetudines XVI 2 Tardif I, p. 17.

228 Statuta et Consuetudines LIII Tardif I, p. 43: et insultus pacis; Très ancien Coutumier LIII 1 Tardif I[2], p. 40: a[s]aus de pes.

229 Statuta et Consuetudines LIV Tardif I, p. 44: roberia per pacem facta; Très ancien Coutumier LIV 1 Tardif I[2], p. 40: e de roberie fete en tens de pes.

230 cf. C 2,12 (13) 15: quod officium gratuitum esse debet.

231 cf. C 1,3,30,1: Nemo gradum sacerdotii pretii venalitate mercetur.

232 cf. p. e. C 1,5,4,4: Nam si in criminibus maiestatis licet memoriam accusare defuncti...

233 Siehe schon Buyken, Das römische Recht, S. 28 u. Anm. 571 u. 572.

234 Siehe Van Daele unter chamberier.

235 Siehe schon Haskins, Norman Institutions, p. 108 u. Anm. 104: „Osbert held a ministerium camerę curię" (um 1135).

236 Const. I 60[1]: qui a curia Nostra camerariatus officium... recipiunt.

237 Romuald von Salerno, p. 423: Rex autem Rogerius ... pro conservanda pace camerarios ... per totam terram instituit.
238 Const. I 37: camerarios ... sollicitos esse volumus et devotos, et ubi necesse fuerit pro commodo curiae Nostrae, ... consilium et auxilium ... debeant impertiri.
239 Const. I 62^{1}: Curiae Nostrae domania et jura illaesa servabunt.
240 Const. I 61^{2}: hereditas libera ... cum omni juris solemnitate publice subhastata vendatur et tertia pars pretii, pro quo vendita fuerit, pro morientis anima pauperibus erogetur et residuum per praenominatum camerarium Nostrae camerae reservetur, nisi forte ... Nobis viderit expedire, ut aestimatione praedictae tertiae pro defuncti anima erogata ipsae [res] hereditariae in fisci Nostri possessione serventur.
241 Const. I 60^{2}: Magistros camerarios regionum assisias rerum venalium ... volumus ordinare.
242 Const. I 65: Locorum baiuli, qui a magistris camerariis [in credentiam vel in extalium] baiulationes [recipiunt] ...
243 Const. I 62^{2}: A quibus etiam baiulis, judicibus et notariis in publico sacramentum recipient.
244 Ass. von Capua c. 14 bei Richard von San Germano ed. Garufi, p. 91: balivus per ordinatos camerarios curie statuatur.
245 Const. I 62^{2}: Doanam autem tam terrae quam maris, plateatica, forestagia, passagia et alia tam vetera jura quam nova curiae Nostrae Nostrorum fidelium fidei committere poterint vel locare, prout melius fisci Nostri profectibus viderint expedire.
246 Ebenda: Baiulorum processus per singulas civitates et loca frequenti discursione perlustrent.
247 Ebenda: Defectus ipsorum, quos frequens [et] diligens inquisitio revelabit, suppleant et emendent.
248 Const. I 74: De quibus omnibus magistri camerarii per singulos quattuor menses cum baiulis diligentem rationem exponant ... Per singulos etiam quattuor menses a magistro camerario de baiuli, judicis atque notarii processibus inquiretur.
249 Const. I 60^{1}: Statuimus magistros camerarios [seu camerarios] ... de causis civilibus tantum, praeterquam de feudalibus, pro jurisdictione sua ... posse cognoscere.
250 Ebenda: ad requisitionem baiulorum ... posse cognoscere.
251 Ebenda: Appellationes etiam, quas in causis civilibus in praesentia baiulorum a sententiis judicum ordine ordinario cognoscentium ad ipsorum audientiam ... contigerit interponi, ipsos suscipere volumus et, susceptis eisdem, ad confirmationem ... vel ad annullationem earum, prout viderint de jure, procedant.
252 Siehe schon Haskins, Norman Institutions, p. 179 sqs.
253 Const. I 78; III 55: quod foresterii gravissimas violentias et iniusta plurima generaliter omnibus inferebant; Statuta et Consuetudines XL 3 Tardif I, p. 34: Forestarii vero non producent testem super forisfacto foreste; LXI 2, p. 53: versus forestarios ...; Très ancien Coutumier XL 2 Tardif I^{2}, p. 31: Li foretier n'amenront pas tesmoing seur le mesfet de la forest; LXI 1, p. 49: envers les foretiers; Magna Carta Praeambel McKechnie, p. 185; c. 48, p. 438: et de forestariis et warennariis ...
254 Const. I 78.
255 Ebenda.
256 Const. I 62^{2}: forestagia ... et alia ... vetera jura; Rymer, Foedera I, p. 3 (Charta monachis S. Cuthberti concessa): et liberi sint ubique de forestagio.
257 Const. I 62^{2}: passagia et alia ... jura; Henrici I Charta Londoniensibus concessa 5 ed. Liebermann I, p. 525: et omnes homines London. sint quieti et liberi ... de ... passagio.
258 Ass. von Capua c. 8 bei Richard von San Germano ed. Garufi, p. 90: Evacuamus preterea omne plateaticum, passagium novum ... que fuerunt a quocumque vel in quocumque loco statuta.

259 Const. I 62[2]: plateatica ... et alia ... jura.
260 Const. III 55: Si dominus terrae ... voluerit eis pascua in terra in antea concedere, accipiat ab eis affidaturam; III 57: qui affidaturarum occasione et pascuorum homines in animalibus suis ultra licitum et in rebus aliis gravare noscuntur.
261 Siehe Mittellateinisches Wörterbuch bis zum ausgehenden 13. Jh., Bd. I, redigiert von Otto PRINZ unter Mitarbeit von Johannes SCHNEIDER, München 1967 unter affidatura.
262 Siehe schon NIESE, S. 180.
263 Const. III 55 (Rubrica der von CARCANI benutzten Hdschr.): De animalibus in pascuis affidandis.
263a An einer anderen Constitutionenstelle kommt diaeta vor als Tagereise: I 96.
264 Es bedeutet da nach GEORGES, Lat.-dt. Handwörterbuch 1. geregelte Lebensweise, 2. Aufenthaltsort, Wohnung.
265 Summa V 1 TARDIF II, p. 16: De officio vicecomitis; Glanvilla I 4 ed. WOODBINE, p. 42; I 6, p. 43 u. ö.; Magna Carta Praeambel McKECHNIE, p. 185; c. 14, p. 248; c. 26, p. 321; c. 45, p. 431; c. 48, p. 438.
266 Const. I 37: Baiulos sollicitos esse volumus; I 62[1]: Baiuli, priusquam ... susceperint ... u. ö.
267 Statuta et Consuetudines LXI 1 TARDIF I, p. 52: ballivi Ducis; Summa III 4 TARDIF II, p. 8: Dicitur eciam justicia ballivus vel quilibet subjusticiarius; IV 2, p. 9: ut magistri scaccarii et ballivi.
268 Très ancien Coutumier LXI 1 TARDIF I[2], p. 49: li bailli le duc ...
269 Wace ed. ANDRESEN, Bd. II, Heilbronn 1879, Zeile 851/52: vescuntes e tant bailiz, viels e nuvels ...; Très ancien Coutumier LV 2 TARDIF I[2], p. 41: o le visconte. Siehe schon HASKINS, Norman Institutions, p. 182.
270 Glanvilla XI 1 ed. WOODBINE, p. 146: non sufficit aliquem constituere ... ballium (andere Hdschr.: baillium, baillivum, ballivum) suum.
271 Magna Carta Praeambel McKECHNIE, p. 185; c. 9, p. 221; c. 14, p. 248; c. 26, p. 321; c. 28, p. 329 u. ö.
272 Ass. von Capua c. 10 bei Richard von San Germano ed. GARUFI, p. 90: quod exigantur a balivis; c. 14, p. 91: sed balivus ... statuatur ...
273 Const. I 62[1]: priusquam ... baiulationes Nostras administrandum susceperint; I 65: qui ... [in credentiam vel in extalium] baiulationes [recipiunt]; I 62[2]: Magistri camerarii ... non vendant baiulationum officia.
274 Statuta et Consuetudines XXV TARDIF I, p. 24: ad primam assisiam baillie sue; LV, p. 44: ne ... male vel pessime egerint in bailliis suis versus innocentes.
275 Statuta et Consuetudines LXXIII 2 TARDIF I, p. 70; LXXXV 4, p. 96; LXXXVI 1, p. 97: quod sint ad primam assisiam ballivie tue.
276 Glanvilla XII 11 ed. WOODBINE, p. 153: ubicumque inventus fuerit in ballia (andere Hdschr.: baillia, bailliva, balliva) tua; Magna Carta c. 50 McKECHNIE, p. 444: Nos amovebimus penitus de balliis ...
277 Const. I 65: Locorum baiuli ... civiles causas omnes, personales videlicet et reales ..., ad jurisdictionem suam noverint pertinere.
278 Siehe oben S. 22.
279 Const. I 65: Locorum baiuli, qui ... [in credentiam vel in extalium] baiulationes [recipiunt] ... (Gesetz Wilhelms II.)
280 Const. I 62[1]: Baiuli, priusquam in gabellam vel credentiam baiulationes Nostras administrandum susceperint ...
281 Const. I 74: de camera Nostra salaria baiulis ... praevideremus exhibenda.
282 Siehe BUYKEN, Das römische Recht, S. 14 u. Anm. 217.
283 Siehe VAN DAELE unter baillier und baillir.
284 Siehe ebenda unter baillif und BLOCH-WARTBURG. Dictionnaire étymologique de la langue française, Paris 1964[4], unter bailli.

285 Ass. d'Antioche Haute Cour ALISHAN, ch. 1 p. 8; ch. 3 p. 14; ch. 15 p. 38 u. ö.
286 Siehe unten S. 62.
287 Const. I 65: Super minimis etiam furtis et aliis offensis, de quibus comprobati poenam sui corporis vel ablationem membrorum incurrere non deberent, audientiam suam impertiri debebunt.
288 Const. I 62^{2}: Per loca quaelibet unum tantummodo statuant et non plures, adeo ut nec societatis occultae velamine praedictae baiulationis officium a pluribus administrari permittant.
289 Siehe François OLIVIER-MARTIN, Précis d'histoire du droit français, Paris 1945^{4}, p. 162 n⁰ 445.
290 Const. I 43, I 91^{1}, I 91^{2}, I 92^{1}.
291 Const. I 91^{1}, I 91^{2}, I 92^{1}.
292 Ass. von Capua c. 7 bei Richard von San Germano ed. GARUFI, p. 90: Et servientes castra non exeant nisi cum licentia castellanorum.
293 Siehe VAN DAELE unter chastelain.
294 Siehe VAN DAELE unter servant.
295 Statuta et Consuetudines XI 5 TARDIF I, p. 12: in nulla erunt custodia, nisi servientis, qui in serjanteria regali fuerit; Magna Carta c. 51 McKECHNIE, p. 447: amovebimus de regno omnes ... aliegenas servientes.
296 Geoffroy le Tort art. 24 BEUGNOT I, p. 441: et ce celui qui lieve le garent est sergent ...; Livre au Roi ch. 48 BEUGNOT I, p. 641: Ce un chevaler home lige ou sergent ait passé aage de soissante ans ...
297 OLIVIER-MARTIN, Précis d'histoire du droit français^{4}, p. 162 n⁰ 445.
298 Statuta et Consuetudines XI 5 TARDIF I, p. 12: qui in serjanteria regali fuerit; LXVI 2, p. 61: qui de ipso tenebant jure hereditario serjanteriam; Glanvilla IX 4 ed. WOODBINE, p. 128: Idem est de serjanteriis; Magna Carta c. 37 McKECHNIE, p. 367: occasione alicuius parve serjanterie.
299 Const. I 91^{1}: Οἱ καστροφύλακες καὶ οἱ σεργένται ...; Const. I 91^{2}: εἴ τις τῶν καστροφυλάκων ἤ σεργεντίων παρὰ τὸ τετυπομένον αὐτοῖς παρὰ τῆς βασιλικῆς διατάξεως λήψεται ...; I 91^{1}: Περὶ τοῦ ὀφφικίου τῶν καστροφυλάκων καὶ σεργεντίων.
300 BUYKEN, Das römische Recht, S. 14 u. Anm. 218.
301 Const. I 62^{1}: non amore, non odio, non prece nec pretio ... NIESE macht S. 175 u. Anm. 2 deutlich, daß diese Constitution Friedrichs II. wohl auf eine Instruktion Wilhelms II. zurückgeht.
302 Summa IX 6 TARDIF II, p. 33: amore siquidem, favore vel odio nullus ab eo deflectatur quod ei proprie ductu intentionis jus esse videtur.
303 Philippe de Navarre ch. 66 BEUGNOT I, p. 536/37: car sovent avient que l'om est ... mal jugié par les juges ... ce est par loier ou par amor ou par hayne.
304 Beaumanoir I 19 ed. BEUGNOT I, p. 33: Li baillis qui veut droite justice maintenir ... il est sans amor et sans haine ...; I 31, p. 38: s'il voit les homes varier en jugement par erreur ou par malvese cause, si comme por amor ou por haine ...
305 Const. I 90^{3}. Siehe auch I 93^{2}.
306 Magna Carta c. 30 McKECHNIE, p. 334: Nullus vicecomes, vel ballivus noster, vel aliquis alius, capiat equos vel carectas alicujus liberi hominis pro cariagio faciendo, nisi de voluntate ipsius liberi hominis.
307 McKECHNIE, p. 335: „The relative chapter of the reissue of 1216 partially restored this branch of purveyance; consent of the owner, even when a freeman, need not be obtained, provided hire was paid at rates that were fixed."
308 BUYKEN, Das römische Recht, S. 13 u. Anm. 201.
309 Ebenda u. Anm. 192.
310 Ebenda u. Anm. 193.
311 Ebenda u. Anm. 194.
312 Ebenda u. Anm. 195.

313 Ebenda u. Anm. 196.
314 Ebenda u. Anm. 200.
315 BUYKEN, S. 13 ff. u. Anmerkungen.
316 Const. I 74: Rubrica de salario baiulorum.
317 BUYKEN, Das römische Recht, S. 14 f. u. Anm. 241.
318 Ebenda S. 42 u. Anm. 957.
319 Const. I 90[1]: Rubrica de rebus prohibitis, a quibus universi officiales se debeant abstinere. BUYKEN, Das römische Recht, S. 15 u. Anm. 242.
320 Ebenda S. 15 u. Anm. 244.
321 Const. I 79: Praedicti autem tam judices quam notarii ... ad praesentiam Nostram ... accedant. Examinationem autem ... juris scripti Nostrae curiae reservamus.
322 Const. III 43: militiam, dignitatis cuiuslibet fundamentum ...
323 Siehe schon Ernst KANTOROWICZ, Kaiser Friedrich II., Ergänzungsbd., Berlin 1931, Exkurs IV, S. 272: „Diese wenigen Beispiele zeigen, daß man bei einer großen Zahl der Kämmerer, Sekreten und Prokuratoren, von den Großhofrichtern ganz zu schweigen, ein Studium in Neapel wird voraussetzen dürfen. Da wir jedoch ... niemals etwas über die frühere Lebensgeschichte und damit über das Alter der Beamten wissen, so bleibt in der Mehrzahl der Fälle die Möglichkeit offen, daß sie auch außerhalb des Königreichs studierten — etwa in Bologna, wo vor 1224 die Apulier zahlreich vertreten waren."
324 Siehe SCHRÖDER-v. KÜNSSBERG, Lehrbuch d. dt. Rechtsgesch.[6], S. 193 u. Anm. 98 mit Belegen.
325 Const. von Clarendon c. 3, STUBBS, Select Charters[8], p. 138. Siehe schon NIESE, S. 193 u. Anm. 7.
326 Const. I 45: si de proditione aliquis fuerit appellatus vel de aliquo magno huiusmodi maleficio, quod spectat ad maiestatem Nostram ... Siehe schon NIESE, S. 192.
327 Const. III 83: Et hoc, quod spectat ad judicium saeculare, videlicet de insultu et violentia, in Nostra curia iudicetur.
328 Const. I 68: Rubrica de clericis conveniendis pro possessionibus, quas non tenent ab ecclesia. Volumus, ut de hoc in curia illius, in cuius terra possessiones vel tenementum habuerit, respondeat. Ergänzend noch I 69[2]. Zu dieser Frage schon NIESE, S. 195.
329 Const. von Clarendon c. 9, STUBBS, Select Charters[8], p. 139. Siehe schon NIESE, S. 195 u. Anm. 5.
330 Summa LXXXII 1 TARDIF II, p. 197: Hujusmodi enim persone ab omni laicali curia sunt exempte, nisi in quantum exigit feodum laicale. Siehe schon NIESE, S. 195. (Die von ihm in Anm. 4 als Très ancien Coutumier XXX § 2 bezeichnete Stelle kann ich nicht auffinden.)
331 BUYKEN, Das römische Recht, S. 15 ff. u. die Anmerkungen dazu.
332 Const. I 69[2]: De burgensaticis petitorio ... (petitorium, possessorium, adipiscendae et recuperandae seu etiam retinendae possessionis, pecuniaria actione, conventum, examine respondere, personae conditione.)
333 Statuta et Consuetudines V 3 TARDIF I, p. 5: In burgagio vero similiter.
334 Très ancien Coutumier V 3 TARDIF I[2], p. 2: E autresi em borjage.
335 Livre au Roi ch. 37 BEUGNOT I, p. 633: et ont laissé plusors anfans et maintes borgesies; Abrégé I 21 BEUGNOT II, p. 251: en ladite court se uze et se doit uzer de toutes manieres de bourgesies.
336 Summa XXVI 5 TARDIF II, p. 92.
337 Summa XXIX 1 TARDIF II, p. 98.
338 Siehe OLIVIER-MARTIN, Précis[4], p. 181 sq. n[0] 503: „La censive française est une tenure très souple, fort voisine de la pleine propriété." Siehe auch Hans PLANITZ, Deutsche Rechtsgesch., Graz 1950, S. 154, über die „Gründerleihe".

339 OLIVIER-MARTIN, Précis[4], p. 182 n° 503: „Elle s'est adaptée aux exigences particulières de la propiété urbaine et a dispensé presque partout de recourir à la libre tenure urbaine ..., qui a joué un rôle important dans les villes rhénanes et flamandes ainsi qu'en Normandie."
340 Siehe schon NIESE, S. 121 u. Anm. 3.
341 Const. I 69[2]: De burgensaticis petitorio vel quolibet possessorio adipiscendae et recuperandae seu etiam retinendae possessionis...
342 Const. III 29.
343 Siehe schon NIESE, S. 122 f. u. Anmerkungen.
344 Abrégé I 34 BEUGNOT II, p. 265: Sachés que chascune persoune, home et feme, frans et non sers, qui ont heritages, le pevent douner... sauf à aucunes persounes qui sont detenues et ne pevent ressever dons de heritages... c'est assaver à yglise, à maizon de religion, à prestres et à clers et à chevaliers et à gent de coumunes. Siehe auch die Rechtfertigungsschrift Friedrichs II. von 1238 an den Papst, schon bei NIESE, S. 123: Et hec eadem constitutio obtinet ultra mare. Übrigens hat schon HUILLARD-BRÉHOLLES, Historia diplomatica Friderici Secundi Pars IV[1], p. 228, auf diesen Passus sowie auf einen Beleg für Antiochien hingewiesen.
345 Abrégé I 24 BEUGNOT II, p. 254: Rubrica: De ceaus, qui ne pevent vendre ne acheter borgezies. Text: Encore peut avoir gent, qui ne pevent vendre heritages et ne pevent acheter. Siehe schon NIESE, S. 124 u. Anm. 1.
346 Abrégé I 21 BEUGNOT II, p. 251: c'est assavoir des borgezies qui sont dedens ville, si come sont heritages de maizons et jardins et chans; I 22, p. 253: en ceste court ce peut et doit uzer de vendre de toute maniere de bourgezies ... celui qui veut doit venir devant le visconte et la court, et doit dire enci: „Je Johan vende mon heritage..."
347 Siehe MITTEIS, Zum Schuld- und Handelsrecht der Kreuzfahrerstaaten, S. 240.
348 Siehe VAN DAELE unter heritage und herediter.
349 Const. III 8: qui feuda forte in civitatibus tenent vel hereditagia possident, ipsos ad feuda vel hereditagia sua asserant pertinere; III 14: data licentia pignorandi vasallis dominos suos in mobilibus, aut deinde in hereditagiis, et ultimo in feudalibus; III 17: Fratribus ob dotem sororum suarum, si mobilia vel hereditagia non habent, sororibus suis partem feudi permittimus obligare.
350 Siehe VAN DAELE unter saisin, saisine.
351 Ebenda unter desaisir.
352 Const. III 28: Deinde... filios clericorum in saisinam... immittes.
353 Statuta et Consuetudines VI TARDIF I, p. 6: habebit saisinam, qualem habuit pater ejus; VII 1, p. 7: monstrabit saisinam patris; XXII 1, p. 22: recognoscetur enim uter saisinam inde habuerit, u. ö; Summa VII 4 TARDIF II, p. 25: nisi...saisinam... probare obtulerit; XCIII 3, p. 221: saisina eidem reddetur.
354 Glanvilla XIII 7 ed. WOODBINE, p. 160: et praecipietur vicecomiti quod ei saisinam habere faciat; XIII 10, p. 161: ei deinde saisina sine recuperatione quam adversarius eius possit habere inde remanebit; XIII 28, p. 170: qui adeptus est huius tenementi saisinam.
355 Abrégé I ch. 30 BEUGNOT II, p. 259: saizine; Philippe de Navarre ch. 19 BEUGNOT I, p. 493: mis en saisine.
356 Statuta et Consuetudines LXXXV 1 TARDIF I, p. 94: de qua pater suus... fuit saisitus; LXXIII 2, p. 70: quod sine dilatione resaisiat R. de tenemento suo ..., unde saisitus fuit ultimo augusto.
357 Glanvilla XII 8 ed. WOODBINE, p. 152: unde ipse saisiatus esse intelligitur; XIII 28, p. 170: ita quod inde moritur saisiatus.
358 Const. III 37: Sancimus igitur praescriptionem anni, mensis, diei et horae, per quam aliquis de dominio suae rei cadebat et Francus de dissaisina queri non poterat, penitus amoveri. Im Königreich Jerusalem sehen wir die wahrscheinlich von Gott-

fried von Bouillon stammende „Assise de la tenure d'an et jour" in Kraft nach Philippe de Navarre, Jean d'Ibelin, Ass. des Bourgeois: siehe Maurice GRANDCLAUDE, Liste d'Assises remontant au premier royaume de Jérusalem (1099—1187), Mélanges Paul Fournier, Paris 1929, p. 237 u. notes 36 u. 37. Die fränkische Verjährung von Jahr und Tag läßt sich auch noch in den Assisen von Antiochien nachweisen, ch. 5 ed. ALISHAN, p. 16: celui qui a possédé des biens un an et un jour, n'est point obligé d'en répondre dans les assises ordinaires; ch. 8, p. 22: il pourra se présenter à la Cour et dire à son adversaire: „J'ai tenu ces biens sous tes yeux pendant un an et un jour, tu n'as dit mot, ni fait opposition dans l'intervalle de cet an et ce jour: je ne suis pas tenu par les Assises à te répondre."

359 Siehe BUYKEN, Das römische Recht, S. 19 u. die Anmerkungen.

360 Statuta et Consuetudines XXI TARDIF I, p. 21: De dissaisina; XXII 2, p. 23: Simili modo... de singulis dissaisinis; Summa VII 4 TARDIF II, p. 25 u. XCIII 7, p. 223: De brevi nove dissaisine.

361 Très ancien Coutumier XXI TARDIF I², p. 19: [De] dessesine; XXII 2, p. 20: et de toutes autres dessesines...

362 Glanvilla XIII 33 ed. WOODBINE, p. 172: de nova desaisina.

363 Magna Carta c. 18 MCKECHNIE, p. 269: Recogniciones de nova dissaisina.

364 Philippe de Navarre ch. 19 BEUGNOT I, p. 493.

365 Abrégé I ch. 30 BEUGNOT II, p. 259.

366 Const. III 19: dominus potest de eo, quod tenet ab ipso, per exguardium dissaisire; Articuli Wilhelmi frz. Fassung art. 8 LIEBERMANN I, p. 489: si cum nos ancestres esgarderent; Jean d'Ibelin ch. 14 u. 15 BEUGNOT I, p. 38 u. 40; ch. 103, p. 172 (esgart); Philippe de Navarre ch. 14 u. 17 BEUGNOT I, p. 487 u. 492 (esgart); Clef des Assises art. 124 BEUGNOT I, p. 588 (esgart); Abrégé II 3 BEUGNOT II, p. 294 (esgart, esgarder). Auf das normannische Vorbild beim exguardium weist auch schon NIESE hin, S. 160.

367 Const. III 16: ter submonita per dominum poterit dissaisiri.

368 Statuta et Consuetudines LXXIII 2 TARDIF I, p. 70: unde postea eum dissaisivit.

369 Glanvilla XIII 37 ed. WOODBINE, p. 173: quod R. iniuste et sine iudicio desaisiavit eum.

370 Const. I 57¹: in dotibus aut in dotalitiis suis dispendium minime patiantur. Zur fränkischen dos und zum dotalitium siehe SCHRÖDER-v. KÜNSSBERG⁶, S. 344 f.

371 Const. II 8: sancimus foriudicatorum uxores ... in earum rationibus ... atque dotariis ... nullam omnino molestiam sustinere.

372 Const. III 13: De statuendo dotario in feudis et castris; III 15: Licentiam baronibus et militibus impertimur, posse etiam de duobus feudis dotarium constituere; III 16: De dotariis constituendis; III 17: quando feudum alienatur vel obligatur aut dotarium constituitur...

373 Siehe unten S. 57.

374 Très ancien Coutumier LXXIX 5 TARDIF I², p. 68: il li doit doner son doere; LXXIX 6, p. 68: que elle n'en ait son doere.

375 Geoffroy le Tort art. 16 BEUGNOT I, p. 449: L'usage des douaires par l'assise est tel; Abrégé II ch. 37 BEUGNOT II, p. 349: Coument et en quei maniere une feme doit requerre... son douaire en cort.

376 Statuta et Consuetudines III 1 TARDIF I, p. 2: Vidua dotem suam habebit; IV 1, p. 3: Si vero sponsus vidue... dotem invadiaverit; V 1, p. 4: filii vidua suam accipiet dotem, u. ö.; Summa CI 2 TARDIF II, p. 252: quod relicta in dotem habere debet per consuetudinem Normannie terciam partem tocius feodi; CI 4, p. 253: quod relicta majorem dotem non potest habere quam tercium feodi; CI 5, p. 253: Notandum est quod relicta nec dotem nec portionem de acquisitionibus quas post contractum matrimonium maritus ejus fecerit reportabit.

377 Glanvilla Liber VI per totum ed. WOODBINE, p. 87 sqs.; Magna Carta c. 7 McKECHNIE, p. 215: nec aliquid det pro dote sua.
378 Const. III 46: Lucrabitur autem stationarius de confectionibus suis secundum istum modum.
379 Siehe Ass. de Jérusalem éd. Beugnot II, p. 173.
380 BEUGNOT ebenda note 6.
381 Siehe GEORGES, Handwörterbuch Bd. II, 9. Aufl., unter stationarius, der D. 1,12,1,12 u. D. 11,4,1,2 zitiert.
382 Ass. de la Cour des Bourgeois ch. 242 Nr. 22 BEUGNOT II, p. 173: La dreiture de toutes les espices des estassouniers ...
383 Siehe VAN DAELE unter laituaire.
384 Siehe ebenda unter sirop; BLOCH-v. WARTBURG (ebenfalls unter sirop) weist auf die Herkunft des Wortes von dem arabischen charâb hin.
385 Ass. de la Cour des Bourgeois ch. 238 BEUGNOT II, p. 167: qui dounent à aucun malade aucun sserob, ... ou aucun laituaire.
386 Const. III 48: quantum mensura dimidiae protenditur cannae.
387 Const. III 50: vendentes pannos in posterum ipsos ultra non abstrahant, nisi quantum canna protenditur; III 51: Quicumque autem falsitatem vel fraudem aliquam in mensuris atque ponderibus vel cannis inventus fuerit commisisse ...
388 Siehe VAN DAELE unter cane und Walther v. WARTBURG, Französisches etymologisches Wörterbuch unter canna.
389 Siehe GEORGES, Handwörterbuch, Bd. II[9].
390 Const. III 49; dies Gesetz entspricht zum Teil Acta Imperii inedita, hrsg. von Eduard WINKELMANN, Bd. I, Nr. 791 II, p. 618.
391 Siehe VAN DAELE unter garnement, guarnement.
392 Const. III 49.
393 Ebenda: ut emptores certiorare debeant, utrum argento vel stagno superpositae sint picturae.
394 Ebenda.
394a Siehe VAN DAELE unter cope.
395 Beaumanoir ed. BEUGNOT I, p. 410, note a: „Les lois pénales de cette époque semblent très-dures, mais il faut dire que leur application rigoureuse avait rarement lieu, et que les plus grands crimes n'étaient souvent punis que par des amendes.“ Ass. de la Cour des Bourgeois BEUGNOT II, p. 86, note b: „En France et dès le 12e siècle, la perte du poing, pour blessures graves, n'était plus prononcée que par un petit nombre de Coutumes ... les autres admettaient une pénalité très variée, mais en général fort douce ...“
396 Const. I 5: sed poena moderanda est arbitrio judicantis (Gesetz Rogers II).; Const. II 50[1]: pro Nostrae voluntatis arbitrio punietur (dito); Const. II 50[3]: arbitrio permittimus judicantis; Const. III 80: judicis arbitrio relinquetur. Nicht hierher gehörig scheint mir Const. I 36[1] und 36[2] zu sein, wo „pietas Nostra“ und „pietas regia“ wohl Titel des Herrschers sind. Siehe BUYKEN, S. 11 und Anm. 129. Schon NIESE, S. 168, hat bemerkt, daß die arbiträre Strafe im Codex von Melfi durchweg beseitigt sei.
397 Ass. von Capua c. 4 bei Richard von San Germano ed. GARUFI, p. 89: Et qui contra attemptare presumpserit, erit in mercede curie. Siehe schon NIESE, S. 168, Anm. 5.
398 Const. I 43.
399 Const. I 53[2]: Nostrae maiestatis arbitrium; ebenda: ex arbitrio Nostro.
400 Statuta et Consuetudines XVII 2 TARDIF I, p. 19: terram amittit et in misericordia Ducis remanet pro difforc[iat]ione; XIX 2, p. 20: in misericordia Ducis remanent pro falsa demanda; Très ancien Coutumier XVII 2 TARDIF I[2] p. 16: se ... ill a porsis malement e a tort celle terre, il pert la terre e remaint en la merci le duc por le deforcement; XIX 2, p. 18: il remaignent en la merci le duc por la fausse demande;

LI 2, p. 39: il sera en la merci le duc de toz ses chatex; Assizes of Northampton c. 4 STUBBS[8], p. 152: Et si quis contra hoc fecerit et inde attaintus fuerit, remaneat in misericordia regis; Glanvilla IV 8 ed. WOODBINE, p. 75: in misericordia domini regis remanebit; XIV 1 p. 176: in misericordia domini regis remanet; Magna Carta c. 20 McKECHNIE, p. 284: si inciderint in misericordiam nostram . . ., u. ö.

401 Clef des Assises art. 78 BEUGNOT I, p. 585: il seront encheus en la merci dou seignor coume ataint de force; art. 280, p. 599: il est en la merci dou seignor.

402 Ass. d'Antioche Ass. des Bourgeois ch. 19 ALISHAN, p. 78: sa personne, sa maison et tous ses biens restent au bon plaisir de la Cour. (Infolge der frz. Rückübersetzung aus der armenischen Übertragung ist der ursprüngliche altfrz. Ausdruck für „au bon plaisir" nicht zu ersehen.)

403 BUYKEN, Das römische Recht, S. 25 f. und die Anmerkungen.

404 Const. I 45: si [de] aliquo forisfacto, de quo persona judicari vel condemnari debeat, appellatus fuerit . . .

405 Siehe VAN DAELE und BLOCH-v. WARTBURG 1964[4] unter forfait.

406 Consuetudines et Justicie c. 2, 3, 8 u. 12 bei HASKINS, Norman Institutions Appendix D, p. 282/83. C. 2: sie aliquis forisfecerit, habuit inde dominus Normannie eandem iusticiam quam de forisfacto sue curie; c. 3: secundum mensuram forisfacti emendavit; c. 8: nisi in tali actu vel forisfacto inventus est; c. 12: pro aliquo anteriori forisfacto.

407 Ebenda c. 1: si aliquis inimico suo in via curie vel in curia forisfecit; c. 2: si aliquis forisfecerit; c. 13: terram suam et pecuniam forisfecit.

408 Konzil von Lillebonne c. 13 bei Ordericus Vitalis V 5 ed. LE PRÉVOST II, p. 320: Si presbyter de ministerio suo forisfecerit . . .

409 Statuta et Consuetudines LXI 1 TARDIF I, p. 52: qui aliquod forisfactum fecerat.

410 Charter of Liberties of Henry I c. 8 McKECHNIE, p. 482: Si quis baronum vel hominum meorum forisfecerit, . . . secundum modum forisfacti . . . emendabit.

411 Glanvilla VII 17 ed. WOODBINE, p. 113: si de corpore suo forisfecerit; ebenda, p. 114: Forisfactum autem filii et heredis alicuius patrem non exheredat . . . Forisfactum autem et utlagariam solet dominus rex . . . remittere.

412 Statuta et Consuetudines II 2 TARDIF I, p. 2: et eorum malefactum . . . plenarie faciant emendari; XV 3, p. 16: qui . . . vidit malefactum; XXXI, p. 27: quod malefactum . . . faciant emendari; LI 1, p. 42: Omne vero malefactum, in quo infamia laboraverit, ponit malefactorem in prisione; LII, p. 43: vel de aliquo criminali malefacto; LXI 1, p. 53: vel aliquod malefactum, quod ad placita Ducis pertinet; LXI 2, p. 53: participes malefacti.

413 Statuta et Consuetudines XXXVI 3 TARDIF I, p. 31: si hujus[modi] homines malefactores sint de nobili genere; LI 1, p. 42: ponit malefactorem in prisione; LII, p. 43: licet malefactor detentus membra vel vitam amisisset; LVI 3, p. 46: Et si malefactor ille fuerit de populo . . .

414 Très ancien Coutumier XXXI 1 TARDIF I[2], p. 24: il fera amander le mesfet; XL 2, p. 31: Li foretier n'amenront pas tesmoing seur le mesfet de la forest.

415 Très ancien Coutumier XV 3 TARDIF I[2], p. 14: li malefetors se deliverra par son serement.

416 Très ancien Coutumier LXI TARDIF I[2], p. 49: li malfeteurs ou cil qui est par[c]eniers du mesfet; L 6, p. 38: il porra prover le malfeteur par bataille de sa bleceure.

417 Livre au Roi ch. 41 BEUGNOT I, p. 636: pour ce qu'il a esté provés de celuy maufait par bataille, qu'il avet neé.

418 Abrégé I ch. 11 BEUGNOT II, p. 244: et les malesfaites . . .

419 Ebenda: et tous les maufaitours . . .

420 Siehe schon NIESE, S. 19 ff., doch mit zu starker Betonung.

421 Gaufredus Malaterra I 18 col. 1112: Hunifredus . . . comes, Apuliam gloriosissime et laudabili pace gubernans . . .

422 Gaufredus Malaterra I 15 col. 1109: ut vix in aliquo loco suae dominationis latro... posset inveniri.
423 NIESE, S. 16/17.
424 Siehe schon BUISSON, S. 170/71, bes. Anm. 382 zu S. 171.
425 Siehe ebenda, S. 171 Anm. 386.
426 Appendix ad Gaufredum Malaterram col. 1210: Deo dilectus et benedictus unicus leo, et pacis firmamentum, Rogerius.
427 Romuald von Salerno zu 1130, p. 419: dux itaque Rogerius postquam omnes Apulie civitates suo subiugavit dominio... venit Melfim fecitque ibidem congregari omnes comites Calabrie, Apulie, Salentine, Brizie et Lucanie, Campanie, etiam episcopos et abbates, iussitque omnibus comitibus, ut sibi filiisque suis... omni tempore fideles essent et obedirent suis preceptis, nec in terris eorum furta et latrocinia sinerent esse nec consentirent. Siehe auch Alexander von Telesia I 20 MURATORI SS. V, p. 620, nach NIESE, S. 24 u. Anm. 1.
428 Romuald von Salerno, p. 423: Rex autem Rogerius in regno suo perfecte pacis tranquillitate potitus pro conservanda pace camerarios et iusticiarios per totam terram instituit.
429 Guillaume de Jumièges Interpol. de Robert de Torigny II 19 ed. MARX, p. 221: pacifica conversatione morari coegit simul.
430 Dudo von St. Quentin II 31 ed. LAIR, p. 171: bannum (id est interdictum) misit, quod est prohibitio, ut nullus fur vel latro esset.
431 Ders. II 32 ed. LAIR, p. 172.
432 Ebenda: statim utrumque fecit suspendi crudelique morte finiri.
433 Guillaume de Jumièges II 14 ed. MARX, p. 30: sedens super lacum quem usu quotidiano loquendi Maram vocamus, armillas aureas in quercu pependit. Quae per tres annos ob timorem ipsius intacta ibidem fuerunt... ipsa silva usque in hodiernum diem Rollonis Mara vocatur.
434 Guillaume de Jumièges Additamenta ed. MARX, p. 339/340.
435 Dudo von St. Quentin IV 100 ed. LAIR, p. 262.
436 Siehe FOREVILLE, p. 118, note 2 im Anschluß an Henri PRENTOUT.
437 Willelmus Pictaviensis I 59 ed. FOREVILLE, p. 144: Hanc pacem, hanc dignitatem Willelmi virtus patriae peperit.
438 Ordericus Vitalis VII 14 ed. LE PRÉVOST III, p. 228.
439 Ordericus Vitalis VII 16 ed. LE PRÈVOST III, p. 252: quod ipse... fures et praedones virga rectitudinis utiliter castigaverit; Willelmus Pictaviensis I 17 ed. FOREVILLE, p. 38: Non ignorabant quam in Normannia esset invisus latro aut praedo, quam recto usu uterque supplicio addiceretur.
440 Ordericus Vitalis XII 22 ed LE PRÉVOST IV, p. 394.
441 Ders. XI 21 ed. LE PRÉVOST IV, p. 233: statuit regali sanctione, ut firma pax per omnes teneatur fines Normanniae, ut, latrociniis omnino compressis cum rapacitate...
442 Charter of Liberties of Henry I c. 12 McKECHNIE, p. 483: Pacem firmam in toto regno meo pono et teneri amodo precipio.
442a Summa V 2 TARDIF II, p. 17: ut pacis tranquillitate gauderent pacifici; Summa XI 1 TARDIF II, p. 37: ut regimine justicie et pacis tranquillitate populus... gaudeat.
443 Const. III 55: Volentes [igitur] huiusmodi maleficia corrigere et subiectorum paci ac tranquillitati misericorditer providere...
444 Const. Prooemium: ut pacem populis eisdemque pacificatis justitiam... pro posse conservet; I 8: Pacis cultum, qui a justitia... abesse non potest, per universas et singulas partes regni Nostri praecipimus observari; Const. I 73[1]: ad hoc se principalis ingenii erexit provisio, ut paci justitiam sociaret; Const. I 95[1]: pace et justitia roborata. Siehe übrigens auch Statuta et Consuetudines I TARDIF I, p. 1: et bonam pacem tenere et legalem justiciam.

445 Siehe schon Ernst BERNHEIM, Mittelalterliche Zeitanschauungen in ihrem Einfluß auf Politik und Geschichtschreibung, Teil I: Die Zeitanschauungen, Tübingen 1918, bes. S. 37.
446 Const. I 8: Pacis cultum ... praecipimus observari.
447 Const. I 32: Cultus justitiae silentium reputatur.
448 Das alttestamentliche Vorbild ist Jesaias 32 Vers 17. Zum römischen Vorbild siehe BUYKEN, Das römische Recht, S. 13 u. Anm. 183.
449 Z. B. Const. I 8—14.
450 Statuta et Consuetudines XVI 2 TARDIF I, p. 17: carruca enim in pace Ducis est; XVII 1, p. 32: Comites vel barones et singuli homines sacramento tenentur pacem Ducis servare; XXXVI 4, p. 31: nisi pacem Ducis habeat; XXXVI 7, p. 32: licet pacem Ducis habuerit; XXXVII 1, p. 32: tenentur pacem Ducis servare; Glanvilla XIV 6 ed. WOODBINE, p. 178: proponit se a viro vi oppressam in pace domini regis.
451 Summa LXXIV 4 TARDIF II, p. 184: De assaltu et fracta pace; Leges Henrici 10,1 LIEBERMANN I, p. 556: qui in hostico pacem fregerit; infraccio pacis regie per manum vel breve date; Glanvilla I 32 ed. WOODBINE, p. 55: Si autem fuerit negotium criminale, ut de pace domini regis infracta; II 3, p. 60: ut de pace domini regis infracta; X 5, p. 136: de aliquo placito quod pertinet ad coronam domini regis, ut de pace domini regis infracta.
452 Statuta et Consuetudines XXXVI 2 TARDIF I, p. 30: roberia per pacem facta; Summa LXX 1 TARDIF II, p. 179: Ego queror de Thoma, qui me in pace Dei et ducis assaltavit.
453 Ass. von Messina c. 4 bei Richard von San Germano ed. GARUFI, p. 97, col. 1: Statuimus firmiter ut, quicumque ioculatores obloquentes in personis aut rebus offenderit, pacem imperialem non teneatur infringere.
454 Const. III 59.
455 Const. I 8: ut nullus auctoritate propria de iniuriis et excessibus dudum factis vel in posterum faciendis se debeat vindicare ... vel movere guerras in regno; I 9: Rubrica de guerra non movenda.
456 Consuetudines et Justicie c. 14 bei HASKINS, Norman Institutions Appendix D, p. 284: Nulli licuit pro guerra hominem capere vel redimere nec de bello vel conflictu pecuniam portare vel arma vel equum ducere.
457 Statuta et Consuetudines XXXI TARDIF I, p. 27: Nullus hominum audeat versus alium guerram facere.
458 Très ancien Coutumier XXXI 1 TARDIF I², p. 24: Nus homs n'ost fere guerre envers autre.
459 Ass. von Capua c. 3 bei Richard von San Germano ed. GARUFI, p. 89: Precipimus etiam, ut nullus sua auctoritate ... se debeat vindicare ... aut guerram movere.
460 Const. I 9.
461 Siehe schon BUYKEN, Das römische Recht, S. 31 u. Anm. 659 über die Bezeichnung der Strafen und S. 35 und Anm. 763 über die Begleitstrafe der Einziehung des Vermögens.
462 Const. I 10.
463 Ass. von Capua c. 4 bei Richard von San Germano ed. GARUFI, p. 89, col. 1: Item precipimus, [ut] nullus incedat armatus, videlicet in lorica, aut cultellum acutum portet seu lanceam, et ab omnibus illis armis precipimus abstinere, que prohibita fuerunt portanda tempori[bu]s regis Guillelmi.
464 Consuetudines et Justicie c. 14 bei HASKINS, Norman Institutions Appendix D, p. 284.
465 Ass. von Capua c. 4 bei Richard von San Germano ed. GARUFI, p. 89: que prohibita fuerunt portanda tempori[bu]s regis Guillelmi.
466 Const. I 10: ut nullus arma moluta et prohibita ... secum deferre praesumat.

467 Siehe VAN DAELE unter esmoldre.

467a Siehe ebenda unter coutel.

468 Ass. von Capua c. 4 bei Richard von San Germano ed. GARUFI, p. 89: Item precipimus, [ut] nullus incedat armatus, videlicet ... cultellum acutum portet.

469 Const. I 10: Curialibus autem et servientibus eorum, usque Nobiscum in curia commorantur vel domum vel a domo redeunt vel pro Nostris servitiis transmittuntur, arma praedicta prohibita portare permittimus. A tenore etiam praesentis sanctionis eximimus milites ... et burgenses ... cum ipsos extra loca, quae inhabitant, pro agendis suis equitare contigerit.

469a Const. I 8: ut, si armis molitis impugnatus fuerit, liceat ei armis molitis se defendere.

470 Const. I 44: Quae igitur ad ipsorum (der magistri justitiarii!) cognitionem pertineant, ... apertius definimus. Latrocinia scilicet, ... arma moluta ...

471 Statuta et Consuetudines XVI 1 TARDIF I, p. 17: Si aliquis aliquem infra porprisium domus sue insultaverit armo moluto ...

472 Très ancien Coutumier XVI 1 TARDIF I^2, p. 15: Se aucuns assaut home dedanz le porpris de sa meson e il li fet sanc o arme esmolue ...

473 Philippe de Navarre ch. 75 BEUGNOT I, p. 546: et se le clamor esteit de cop d'arme esmolue ...

474 Ass. von Capua c. 4 bei Richard von San Germano ed. GARUFI, p. 89: nullus ... portet ... lanceam.

475 Const. I 10: nullus arma ... prohibita ... loricas ... et alia omnia arma ... secum deferre praesumat; I 11: loricas indutas non deferant.

476 Consuetudines et Justicie c. 8 bei HASKINS, Norman Institutions Appendix D, p. 283: Nulli licuit inimicum querendo vel namnum capiendo vexillum vel loricam portare.

477 Ass. von Capua c. 4 ed. GARUFI, p. 89: nullus incedat armatus, videlicet in lorica.

478 Siehe VAN DAELE unter meslée und BLOCH-v. WARTBURG 1964^4.

479 Const. I 17. Siehe auch BUYKEN, Das römische Recht, S. 29.

480 mislata: Consuetudines et Justicie c. 3 bei HASKINS, Norman Institutions App. D, p. 282; meslea: Statuta et Consuetudines LVIII 1 u. 2 TARDIF I, p. 49; LXI 1, p. 52; mellee: Très ancien Coutumier LVIII 1 u. 2 TARDIF I^2, p. 46/47; melleta: Glanvilla I 2 ed. WOODBINE, p. 42; meslée: Philippe de Navarre ch. 13 BEUGNOT I, p. 486; meshlée: Abrégé I ch. 7 BEUGNOT II, p. 240.

481 Siehe JAMES-WILDHAGEN, English-German Dictionary, Leipzig 1938.

482 Livre au Roi ch. 47 BEUGNOT I, p. 641: Mais se celuy home lige estoit home meslis ...

483 Const. I 44.

484 Const. I 12: dum alicuius insultum timere se diceret; Const. III 83.

485 Consuetudines et Justicie c. 7 bei HASKINS, Norman Institutions App. D, p. 283: Nulli licuit in Normannia in forestis ipsius domini hominem assailire vel insidias ponere.

486 Concilium Rotomagense (1096) c. 2 bei MANSI XX col. 923: ut omnes ecclesiae et atria earum, et monachi, et clerici, et sanctimoniales, et feminae, et peregrini, et mercatores, et famuli eorum, et boves et equi arantes, et homines carrucas ducentes, et herceatores (Egger!), et equi de quibus herceant, et homines ad carrucas fugientes, et omnes terrae sanctorum, et pecuniae clericorum, perpetua sint in pace: ut in nulla die aliquis audeat eos adsalire.

487 Leges Henrici 10,1 LIEBERMANN I, p. 556.

488 Statuta et Consuetudines LXX TARDIF I, p. 65: similiter de assultu excogitato de veteri odio. Im Très ancien Coutumier fehlt dieser Passus.

489 Statuta et Consuetudines LXX TARDIF I, p. 65: similiter de assultu intra quatuor perticas domus; Très ancien Coutumier LXX 1 TARDIF I^2, p. 55: e [d'] assaut qui est fez a aucun dedanz les quatre parties de sa meson.

490 Statuta et Consuetudines XVI 1 TARDIF I, p. 17: Si aliquis aliquem infra porprisium domus sue insultaverit...; Très ancien Coutumier XVI 1 TARDIF I², p. 15: Se aucuns assaut home dedanz le porpris de sa meson...

491 Statuta et Consuetudines LXX TARDIF I, p. 65: similiter de assultu ad carrucam; LIII, p. 43: carruce insultatio; XVI 2, p. 17: Similiter ad car[r]ucam, car[r]uca enim in pace Ducis est et protectione; Très ancien Coutumier XVI 2 TARDIF I², p. 15: Autresi a la charrue. La charrue doit estre en la pes le duc e en sa desfansse; LIII 1, p. 40: as[s]auz de charrue; LXX 1, p. 55: e [d']assaut de charrue.

492 Statuta et Consuetudines LXX TARDIF I, p. 65: Similiter de assultu in via regia, que ducit a civitate in civitatem vel castellum regium; Très ancien Coutumier LXX 1 TARDIF I², p. 55: e [d']assaut du chemin le roi par que l'en va de cité à cité ou a chastel real.

493 Statuta et Consuetudines LXX TARDIF I, p. 65: Similiter de assultu in itinere ad curiam Regis; Très ancien Coutumier LXX 1 TARDIF I², p. 55: e d'as[s]aut en la voie d'aler en la cort le roi.

494 Statuta et Consuetudines LIII TARDIF I, p. 43: et insultus pacis...

495 Très ancien Coutumier LIII 1 TARDIF I², p. 40: as[s]aus de pes...

496 Glanvilla I 1 u. 2 ed. WOODBINE, p. 42: Ad coronam domini regis pertinent ista ... placitum de pace domini regis infracta...

497 Const. I 16: Verum tamen si juste defensae [im]ponantur pro rebus mobilibus, forsitan utpote bove ablato...

498 Dudo von St. Quentin II 31 ed. LAIR, p. 171: Denique interdixit ut nullus ferramenta aratri domui deportaret, verum in campo cum aratro relinqueret, et nullus post equum, asinumque, atque bovem, ne perderet, custodem mitteret.

499 Concilium Rotomagense (1096) c. 2 MANSI XX col. 923: De rebus et personis quae perpetua in pace debent esse.

500 Richard von San Germano ed. GARUFI, p. 87: Agricultores et circa rem rusticam occupati... dum agros colunt, securi sint quacumque parte terrarum. Ita ut nullus inveniatur tam audax, qui boves per vim, agrorum instrumenta, aut si quid aliud sit quod ad operam rusticam pertineat, rapere, invadere aut violenter referre presumat.

501 Const. I 44.

502 Statuta et Consuetudines LIII TARDIF I, p. 43.

503 Très ancien Coutumier LIII 1 TARDIF I², p. 40.

504 Const. I 5 = D. 48, 13, 6 pr. fast wörtlich; Const. I 14 = D. 9, 2, 4 fast wörtlich. Siehe dazu BUYKEN, Das römische Recht, S. 29 u. die Anmerkungen.

505 BUYKEN, S. 29 u. Anm. 612.

506 Consuetudines et Justicie c. 12 bei HASKINS, Norman Institutions App. D, p. 283: Nulli licuit peregrinum disturbare pro aliquo anteriori forisfacto.

507 Concilium Rotomagense (1096) c. 2 MANSI XX col. 923: et peregrini... perpetua sint in pace.

507a Const. III 52: Poenas contra mercatores corruptas merces et vetitas seu [ad] falsas mensuras et cannas ac pondera distrahentes Nostris constitutionibus praestitutas in peregrinis deceptis ab eis volumus duplicari.

508 Const. III 58.

508a Auch die griechische Version des Textes betont ausdrücklich die „ἀνάγκη".

508b Siehe CONRAD, Deutsche Rechtsgeschichte, Bd. 1, 2. Aufl., S. 444.

508c Siehe schon Karl v. AMIRA, Die Anfänge des normannischen Rechts, HZ. 39, 1878, S. 267 u. Anm. 1.

508d Gragas 191 Germanenrechte IX ed. Andreas HEUSLER, Weimar 1937, S. 325: Ihre Rosse dürfen (reisende) Leute grasen lassen auf andrer Leute Land, des Sommers, da wo Mahd und Dürrgras sich treffen; auf Mahdland soll man nicht grasen lassen.

508e II F. 27, 20: Quicumque per terram transiens equum suum pabulare voluerit, quantum propinquius secundum viam stans in loco amplecti potuerit, ad refectionem et respirationem equi sui impune ipsi equo porrigat.

508f Treuga Henrici c. 8 MG. Const. II Nr. 284, p. 399/400: Viator, in via pedem unum tenens, equo suo cultello, gladio vel falce segetes incidere potest, ut ipsum reficiat. Hierauf hat schon Fritz ZECHBAUER, Das mittelalterliche Strafrecht Siziliens nach Friedrichs II. Constitutiones Regni Siciliae und den sizilischen Stadtrechten (Berl. jur. Beitr. 12), Berlin 1908, S. 143 mit Anm. 3 hingewiesen.

508g Ssp. Ldr. II 68.

509 Const. I 20, I 21, I 22¹, I 22². Dazu BUYKEN, Das römische Recht, S. 27/28.

510 Statuta et Consuetudines L 5 Tardif I², p. 41: Si vero aliquis uxorem vicini sui rapuerit per vim, uxor enim non probabit, sed sponsus ejus, licebitque duello, si voluerit, comprobare; Très ancien Coutumier L 5 TARRDIF I², p. 38: Se aucuns prant par force la fame son voisin, la fame nel provera pas, mes il ira a son voisin a prover le par bataille, se il velt.

511 Statuta et Consuetudines L 3 TARDIF I, p. 41: Et si antequam convincatur de malicia illa, puellam illam ducere voluerit, illam accipiat in uxorem; si parentes puelle et puella voluerint, hoc licebit; Très ancien Coutumier L 3 TARDIF I², p. 37: E se il veut prandre la mechine a fame einz que il soit convaincuz de sa malice, il l'ait a fame, se li parant a la mechine e elle le vuelent; Glanvilla XIV 6 ed. WOODBINE, p. 178: Ante iudicium tamen receptum est quod de licentia principis vel eius iustitiarum cum parentum assensu possunt mulier accusans et accusatus beneficio coniugii sibi invicem reconciliari; Ass. de la Cour des Bourgeois ch. 134 BEUGNOT II, p. 92: se le pere ou la mere de la garce ... veullent avoir merci de celui qui l'a despucelée, et il est tés hom qui li afiere, si la deit prendre por feme. (Es muß sich hier nach GRANDCLAUDE, Liste p. 341 um die sogenannte „Assise de la femme efforciée" handeln, die er auf das erste Königreich Jerusalem zurückführt, aber nicht datiert.

512 Const. I 22¹: consuetudinibus ... per quas [raptores] raptam sibi in matrimonio collocando ... se capitali sententia eximebant, omnino sublatis; Const. I 22²: probationibus ... extraordinariis, pugnae scilicet et legis paribilis, de jure Nostro sublatis.

513 Const. I 21: clamor oppressae truculenter emissus, quam citius poterit, elucescat: alioquin non videbitur vis illata, si mora fuerit octo dierum spatio subsecuta.

514 Const. I 22²: muliere clamante et aliorum auxilium vociferationibus invocante.

515 SCHRÖDER-V. KÜNSSBERG, Deutsche Rechtsgesch.⁶, S. 388 Anm. 105.

516 Const. I 21: quam citius poterit ...

517 Altspanisch-gotische Rechte, hrsg. von Eugen WOHLHAUPTER (Germanenrechte XII), Weimar 1936, S. XIV ff.

518 Ebenda, S. 136 Nr. 10.

519 Ebenda, S. 50: E aquella muger, que dier la querella, que es forçada, si fuer el fecho en yermo, a la prima viella, que llegare, deve echar las tocas; S. 52: E si el fecho fuer en logar poblado, deve ella dar voces, e apellido, alli dò fue el fecho.

520 Statuta et Consuetudines L 1 TARDIF I, p. 40: Si aliquis aliquam puellam rapuerit ... oportet eam clamare, si poterit ... et puella, quam citius poterit, in continenti festinare [debet] ad primam justiciam Ducis, quam invenire poterit. Siehe schon ZECHBAUER, Das mittelalterliche Strafrecht Siziliens, S. 121 Anm. 2.

521 Très ancien Coutumier L 1 TARDIF I², p. 37: Se aucuns prant par force une pucelle, ... il convient que elle crit si elle puet ... E des que la mechine porra, elle doit aler a la premiere justice le duc que elle porra trover.

522 Glanvilla XIV 6 ed. WOODBINE, p. 178: Tenetur autem mulier quae tale quid patitur, mox dum recens fuerit maleficium vicinam villam adire et ibi iniuriam sibi illatam probis hominibus ostendere ... Dehinc apud propositum hundredi idem faciat.

523 Const. I 23: Si quis mulieri violentiam patienti et clamanti non succurrerit. Siehe schon ZECHBAUER, Strafrecht Siziliens, S. 52 Anm. 3.

524 Statuta et Consuetudines L 1 TARDIF I, p. 40.

525 Siehe Hermann CONRAD, Deutsche Rechtsgeschichte, Bd. I: Frühzeit u. Mittelalter. Ein Lehrbuch, Karlsruhe 1954 (1. Aufl.), S. 586/87. (Nur in der 1. Aufl.!)

526 BUYKEN, Das römische Recht, S. 52/53 u. Anmerkungen.

527 Const. I 29.

528 Const. I 21: Rubrica de violentia meretricibus illata.

529 Ebenda: turpi quaestu prostitutae; invitas; confessis... convictis; ultimo supplicio; vis illata.

530 Statuta et Consuetudines LI 2 TARDIF I, p. 42: Si aliquis meretricem [per] vim rapuerit et precium ei dare noluerit, de omnibus catallis suis erit in misericordia Ducis.

531 Très ancien Coutumier LI 2 TARDIF I^2, p. 39: Se aucuns prant fole fame par force e il ne li veut doner sa deserte, il sera en la merci le duc de toz ses chatex.

532 Const. III 77, übernommen aus Ass. Vatic. XXIX 1 und Ass. Cass. 17 (diese Assisen bei MONTI, Lo Stato Normanno-Svevo, p. 143 sq.). Die Übernahme aus Rogers Assisen hat schon NIESE, S. 144 u. Anm. 1, festgestellt.

533 BUYKEN, Das römische Recht, S. 25 ff.

534 Const. III 84: fustigari censemus et ipsas in recognitionem semel attemptati facinoris in fronte signari.

535 BUYKEN, Das römische Recht, S. 33.

536 Ebenda, S. 33 u. Anm. 731.

537 Const. III 51.

538 BUYKEN, S. 33 f. u. Anmerkungen.

539 Eberhard Frhr. v. KÜNSSBERG, Rechtliche Volkskunde, Halle 1936, S. 167/68.

540 Const. III 51: cum pondere et mensura ad collum eius appensis.

541 Ass. de la Cour des Bourgeois ch. 284 BEUGNOT II, p. 215: il avera esté menés par toute la vile le tisson dou feuc en sa main.

542 Ebenda, ch. 238 BEUGNOT II, p. 168: Mais avant c'on le pende, det estre menés frustant par la vile, un orinal en sa main, ... por espaventer les autres de ce maufaire.

543 Const. I 27: si commissores inveniri non possunt, ... homines locorum praedictorum, in quibus maleficia committuntur, ad damnorum restitutionem integre arceantur.

544 Const. I 107.

545 Summa XIV 7 TARDIF II, p. 42/43: qui residenciam habent focalem in Normannia debent monetagium persolvere, ... et propter hoc solet focagium nuncupari; XIV 8, p. 43: si focalem habeant residenciam ... persolvent.

545a Const. I 107: sicut in collectis aliis hactenus fieri consuevit.

546 Willelmi Articuli Londoniis retractati art. 3 LIEBERMANN I, p. 490: Volumus autem et firmiter precipimus, ut omnes homines, quos nobiscum adduximus, aut post nos venerint, sint sub protectione et in pace nostra per universum regnum predictum. Et si quis de illis occisus fuerit, dominus eius habeat intra quinque dies homicidam eius, si potuerit; sin autem, incipiet persolvere nobis XLVI marcas argenti, quamdiu substantia domini illius perduraverit. Ubi vero substantia domini defecerit, totus hundredus, in quo occisio facta est, communiter solvat quod remanet.

547 Leis Willelme 22 LIEBERMANN I, p. 510: Ki Franceis ocist, e les humes del hundred nel prengent e meinent a la justise dedenz les VIII jurs, pur mustrer, ki l'ait fet, si renderunt le murdre, XLVI mars.

548 Leges Henrici Primi 91,2 a LIEBERMANN I, p. 607: si quid vero defuerit, in hundreto communiter suppleatur.

549 Leges Henrici Primi 91,4 LIEBERMANN I, p. 607: Si murdrum in campis patentibus et passim accessibilibus inveniatur, a toto hundreto communiter, non solum ab eo, cuius terra est, suppleatur; 93,3, p. 607: Si etiam manerium, in quo murdrum

invenietur, de dominio et firma regis sit, et rex ita preceperit, per totum hundretum inde componendum erit.

550 Const. III 43: statuimus burgensem seu rusticum, qui militem verberaverit... percutientis manus detruncatione puniri.

551 Jean d'Ibelin ch. 114 Beugnot I, p. 186; Jacques d'Ibelin ch. 52, p. 465; Philippe de Navarre ch. 75, p. 547; Livre au Roi ch. 17, p. 617.

552 Const. III 43: honore militiae in perpetuum volumus esse privandum, et ut nobilium judiciis non intersit, et quod per annum debeat esse extra regnum... armorum et equorum suorum omnium amissione jubemus esse mulctandum.

553 Summa LXXXV 10 Tardif II, p. 204/05: in querelis hujusmodi debent emende fieri per arma et hernesia per que feoda sua deserviunt. Si enim fuerit contra militem in hujusmodi querela convictus, ei debet emendare per plena arma, videlicet per equum, loricam, scutum, ensem et galeam.

554 Philippe de Navarre ch. 75 Beugnot I, p. 546/47: paier deveit mil besanz au seignor et douner herneis de chevalier au batu, et teiles armeures coume l'on deit doner a celui qui l'on fait chevalier; Livre au Roi ch. 40 Beugnot I, p. 635: celuy chevaler qui le fery et baty ... si det perdre tout son harnois.

555 Livre au Roi ch. 40 Beugnot I, p. 635: et puis det estre congée dou reiaume an et jor.

556 Ass. d'Antioche Haute Cour ch. 10 Alishan, p. 30: Si un homme lige et chevalier frappe son compagnon ou le pousse, ... il doit payer à la Cour mille pièces d'or antiochiennes...; en outre il doit donner à celui qu'il a frappé un cheval arabe avec toute sa garniture, une cuirasse, un casque, et toute espèce d'armures nécessaires à un chevalier pour entrer en guerre.

557 Philippe de Navarre ch. 87 Beugnot I, p. 561: que il deit forpaïsier et perdre son fié un an et un jor.

558 Const. I 13.

559 Const. I 13: Si quis aliquem cum armis prohibitis supradictis percusserit, ita quod percussus ex percussione ipsa minime moriatur, percussor manum, cum qua percussit, amittat.

560 Buyken, Das römische Recht, S. 33.

561 Statuta et Consuetudines XV 2 Tardif I, p. 16: si aliquis aliquem in quimino assaltaverit cum sanguinis effusione, captus membris punietur; XVI 1, p. 17: Si aliquis aliquem ... insultaverit ... cum sanguinis effusione, membris punietur. Siehe schon Niese, S. 167 u. Anm. 3.

562 Très ancien Coutumier XV 1 Tardif I², p. 14: se aucuns as[s]aut autre ... e il li fet sanc e plaie e il est pris, il l'espeneira par les membres; XVI 1, p. 15: Se aucuns assaut home... e il li fet sanc..., il l'espeneira par les membres.

563 Philippe de Navarre ch. 75 Beugnot I, p. 546: Au coumencement, quant les premieres assises furent faites, fu ordene ... se le clamor esteit de cop d'arme esmolue ou de mace de fer, il deveit perdre le poing (Siehe hierzu Grandclaude, Liste p. 336 u. 338); Jean d'Ibelin ch. 114, p. 186: il deit perdre le poin destre; Ass. de la Cour des Bourgeois ch. 125 Beugnot II, p. 86: le dreit comande que celuy ait trenché le poing; ch. 269, p. 204: celuy deit perdre le poing.

564 Siehe Rudolf His, Gesch. d. dt. Strafrechts bis zur Karolina (in: Hdb. d. mittelalterlichen u. neueren Gesch., Abt. III), München und Berlin 1928, S. 71.

565 Const. I 10: Quisquis autem post haec arma prohibita detulerit, si quidem comes fuerit, quinque uncias, si baro, quattuor, si simplex miles, tres, si burgensis, duas, si rusticus, unam unciam fisco Nostro componat.

566 Const. I 32: si rusticus fuerit, augustalem unum, si burgensis, duos, si miles, quattuor, si baro, octo, si comes, sedecim augustales curiae Nostrae componat.

567 Const. III 49: prima vice deprehensus in dolo falsa opera faciens... unam libram auri purissimi fisco Nostro componat... Iterato [vero] deprehensus in simili manum perdat. Tertio deprehensus... suspensus in furcis mortis periculum subeat; III 51: Quicumque autem falsitatem vel fraudem aliquam in mensuris atque ponderibus vel cannis inventus fuerit commisisse... unam libram auri purissimi fisco Nostro componat, ...manu eius, si secundo fuerit deprehensus in simili, amputanda, et si tertio iteraverit, ipsum suspendi jubemus; III E I: Si quis campsor inventus fuerit apud se habens vitiosum aurum vel argentum... prima vice convictus unius librae auri poena et secunda vice manus mutilatione damnatur.

568 BUYKEN, Das römische Recht, S. 37.

569 Const. I 95[2]: si per inquisitionis officium vel delationes aliquorum officialis inventus fuerit culpabilis aut dolosus, praeter damna, quae per ipsum Nobis aut subditis integre volumus resarciri, transgressionis suae poenam, quam sententia Nostra dictaverit, sustinebit.

570 Const. III 68: Qualitas personae gravat et allevat poenam falsi. Siehe schon ZECHBAUER, Strafrecht Siziliens, S. 107.

571 Const. III 84: Scituris firmiter lenis huiusmodi, quod, si temptaverint denuo reiterare commissa, detruncationis nasi poenae procul dubio subiacebunt.

572 Ecloga XVII 23—27 u. 30—34. Siehe schon ZECHBAUER, Strafrecht Siziliens, S. 30 u. Anm. 8.

573 Const. I 24.

574 ZECHBAUER, Strafrecht Siziliens, S. 29.

575 BUYKEN, S. 32 u. Anm. 681. D. 48, 19, 3: Praegnantis mulieris... poena differtur quoad pariat.

576 Leis Willelme 33 LIEBERMANN I, p. 514: Si femina praegnans adiudicata sit morti vel membrorum mutilationi, differatur executio sententie usque quo pariat.

577 LIEBERMANN I, p. 514, Anm. a.

578 Siehe Rudolf HIS, Das Strafrecht d. dt. Mittelalters, Teil I, Leipzig 1920, S. 384.

579 Sachsenspiegel III 3: Men ne scal over nen wif richten, de levendich kint dreget, hoger den to hut unde to hare.

580 C. 9, 13, 3; D. 48, 6, 5, 2; Inst. 4, 18, 8. Auf die Codex- und die Institutionenstelle haben auch schon Francesco BRANDILEONE, Il diritto Romano nelle legge normanne e sveve del regno di Sicilia, Torino 1884, p. 37 u. nota 1 sowie ZECHBAUER, Strafrecht Siziliens, S. 117, hingewiesen.

581 Const. I 22[1]. Die normannische Regelung und die fränkische des Königreichs Jerusalem siehe Anm. 737.

582 Const. I 25.

583 Statuta et Consuetudines XVII 2 TARDIF I, p. 19: si possessor convictus fuerit et male et injuste terram illam possederit, terram amittit et in misericordia Ducis remanet pro difforc[iat]ione. ZECHBAUER, Strafrecht Siziliens, S. 114, Anm. 4, hatte gemeint, im normannischen Recht finde sich nichts darüber.

584 C 8, 4, 7. Siehe schon BRANDILEONE, Il diritto romano, p. 40, nota 2.

585 Inst. 4, 2 pr. Siehe schon BRANDILEONE, ebenda nota 3.

586 Const. II 1 u. II 4 bes.

587 SCHRÖDER-v. KÜNSSBERG[6], S. 371 f.

588 Const. II 4: omnibus regni [Nostri] fidelibus expressius inhibentes, quod infra praedictum tempus in persona vel in rebus ipsum offendere non praesumant.

589 Const. II 1; II 3 u. 4; II 6.

590 Const. II 1; II 3.

591 Const. II 1; II 3—5; II 20.

592 Const. I 53[2]; I 74; II 1 u. 4; II 20.

592a Summa XXII 5 TARDIF II, p. 62: debet forisbanniri publice.

592b Const. II 1: Ipsos banniri mandamus et divulgari ipsos publice forbannitos.

593 Const. II 4: liceat bannito intra reliquam partem anni denuntiare cuicumque officialium Nostrae curiae ... quod paratum se asserat accusatori suo in judicio respondere.

594 Ebenda: et sic postea per magistrum justitiarium vel justitiarium litteris securitatis obtentis...

595 Statuta et Consuetudines XXXVI 4 TARDIF I, p. 31: habeat breve Ducis, in quo pax ejus contineatur, et collo illud sigillatum supponat, quod per unum annum et unum diem portaverit; Très ancien Coutumier XXXVI 4 TARDIF I², p. 28: il ait les letres le duc en qe sa pes soit contenue e les port scellees a son col I an et I jor.

596 Statuta et Consuetudines XXXVI 5 TARDIF I, p. 31: Si autem vir ille homicida fuerit comes, vel baro, vel de nobili genere, breve Ducis collo non portabit, sed habebit penes se in secreto; Très ancien Coutumier XXXVI 5 TARDIF I², p. 28: Se cil homecides est quens ou barons ou de noble lignage, il ne portera pas a son col les letres le duc, einz les avra entor lui segreement.

597 Const. II 3; II 6; II 8.

598 Const. II 3.

599 Const. II 3; II 6—8; II 20.

600 Const. II 3: sic ut ab omnibus offendatur impune: adeo ut, si ipsum occiderit aliquis, nullam proinde calumniam vereatur.

601 Statuta et Consuetudines LXXXVIII 3 TARDIF I, p. 99: forisbanitionem factam de eo pro morte illius...

602 Très ancien Coutumier LXXXIX 3 TARDIF I², p. 86: le forbanissement qui estoit fez de lui por la mort P....

603 Statuta et Consuetudines LXXXVIII 1 TARDIF I, p. 98: vel subterfugiens justiciam forisbannitus fuerit; LXXXVIII 3, p. 99: Forisbannitus autem, vel qui abjuraverit terram...; Summa LXXIX 1 TARDIF II, p. 193: forisjuratorum et forisbannitorum...

604 Très ancien Coutumier LXXXIX 1 TARDIF I², p. 84: ou il a foï la justice e est forsbaniz; LXXXIX 3, p. 85: Cil qui est forsbaniz ou qui a forsjuré la terre...

605 Leges Henrici 59, 20 LIEBERMANN I, p. 579: ne forisbannitum aut furem handhabbendum... impunitum transeant.

606 Const. I 97: Citatio fiat una pro omnibus, quae peremptorium continebit et terminum triginta dierum. BUYKEN, S. 39 u. Anm. 894.

607 Const. II 17: quinzanas... submovemus.

608 Const. II 1: Ipsos denique per magistrum justitiarium et justitiarios, quibus de contumacia eorum liquebit, banniri mandamus et divulgari ipsos publice forbannitos.

609 Statuta et Consuetudines XXXVII 2 TARDIF I, p. 32: et domus ejus comburatur... Virgulta eciam profugi in media die cum securibus abscindantur; LXXXVIII 1, p. 98: et edificia comburuntur, et arbores destruuntur; Très ancien Coutumier XXXVI 2 TARDIF I², p. 29: e sa meson soit arsse... Li vergier au fuitif doivent estre abatu o congniees en droit midi; LXXXIX 1, p. 84/85: e ses mesons sont arses e si abre destruit; Summa XXII 13 TARDIF II, p. 68: Forisbannitorum autem domus debent in testimonium damnationis eorum cremari, ut nequicie eorum memoria futuris exemplum pariat et terrorem.

610 Glanvilla VII 17 ed. WOODBINE, p. 114: cum domorum subversione et arborum extirpatione.

611 Gaufredus Malaterra I 10, col. 1107: crebris incursionibus eos lacessentes vineta et oliveta eorum exstirpabant.

612 Const. I 50: desolationem perpetuam patietur.

613 BUYKEN, Das römische Recht, S. 37—49.

614 Jean d'Ibelin ch. 209 BEUGNOT I, p. 334: Quant aucun home est menassié ou en perill d'aucun contens... il deit venir devant le seignor et dire li: „Sire, tel home me menace, ou je sui en tel perill..." Et le seignor li deit respondre que il enquerra celui fait et le adressera... et li deit faire grant defence que il outre ce riens ne face.

615 Philippe de Navarre ch. XXXVII BEUGNOT I, p. 514: Quant un home est menacé ou est en périll d'aucun content... il peut venir devant le seignor et dire li: „Sire, teil home me menace, ou je sui en teil peril..." ... et li deit faire grant deffense que il outre ce rien ne li face.

616 Clef des Assises art. LXXVIII BEUGNOT I, p. 585: Tous ciaus qui se saizissent de quelque choze que se soit, sur la defense dou seignor...

617 Abrégé I ch. 21 BEUGNOT II, p. 252: si come sont les bans criés des bons ordenemens, et pluisours coumandemens et deffenses que l'om doit tenir et maintenir et jugier...

618 Const. II 17: Cavillationes et captiones antiquas juris Francorum, quinzanas et momenta temporum, quae inter Francos litigantes in judiciis hactenus servabantur, ... submovemus.

619 Siehe schon Heinrich BRUNNER, Wort und Form, bereits oben zitiert S. 12. Nur so ist wohl zu verstehen, daß Philippe de Navarre ch. 1 BEUGNOT I, p. 477, den Rat erteilt: puisque l'om vient à clamour, dites si brief come vous porrés. Siehe auch Statuta et Consuetudines LXII 3 TARDIF I, p. 54: Ille vero qui reptatus est [et] ad singula verba respondet reptantis et se inde offeret disraisnare, [bonus] placitor est, quia commune est in laicali curia ita respondentes et negantes se disraisnare, si accusans testes habuerit; Très ancien Coutumier LXII 2 TARDIF I[2], p. 50/51: Cil qui est restez e respo[n]t mot a mot a chascune parole e osfre a desrenier s'en, est bon pledieres, qar ce est commune chose en cort laie que cil qui einssis respont e nie se desresne par son serement, se cil qui le recete a tesmong.

620 Const. II 17: aequalance, sive Francus sive Romanus sit sive Longobardus, qui agit [seu qui convenitur], justitiam sibi volumus ministrari.

621 Philippe de Navarre ch. 17 BEUGNOT I, p. 492: et set l'om mal requerre et mal respondre...

622 Siehe BRUNNER, Wort u. Form, S. 672: Parole une fois volée ne peut plus estre rapelée; S. 684: Comme les boeufs par les cornes on lie, aussi les gens par leurs mots font folie.

623 Weil er seine Argumente vor dem Lehnsgericht „minus rhetorice" vorbrachte, verlor z. B. Wilhelm de Grentemaisnil unter Herzog Robert Guiscard alle seine Ländereien: Gaufredus Malaterra IV 22, col. 1201.

624 Philippe de Navarre ch. LXVI BEUGNOT I, p. 536: car sovent avient que l'om est... mal entendu... par les juges.

625 Philippe de Navarre ch. 17 BEUGNOT I, p. 492: car de bien petit ochoizon avient grant mal en court.

626 BRUNNER, Wort u. Form, S. 669.

627 Summa CXXV 2 TARDIF II, p. 341: nullus enim tenetur de hereditate sua respondere in minori temporis spacio quam in quinto decimo die; Geoffroy le Tort art. 21 BEUGNOT I, p. 440: a la première clamor deit aveir jor de quinsaine; Jacques d'Ibelin ch. 50, p. 465: à totes clamors a l'on jor de quinsaine; Philippe de Navarre ch. 2, p. 477/78: et à quans jours dou mois fait le jour de la quinsaine; Clef des Assises art. 68, p. 584: A tous noviaus clains... a l'om jour de quinzaine. Siehe auch SCHRÖDER-v. KÜNSSBERG[6], S. 17 Anm. 9. Schon HUILLARD-BRÉHOLLES hat in Bd. IV[1] seiner Historia Diplomatica Friderici Secundi, p. 89, note c, darauf hingewiesen, daß die „quinzana" der Constitutionen von der „vox gallica quinzaine" herzuleiten sei.

628 Const. II 17: Francus ante litem contestatam contumax bonis mobilibus omnibus privabatur.

629 Abrégé I ch. 33 BEUGNOT II, p. 260/61: que je suys venu à tens et à houre.

630 Abrégé I ch. 33 Beugnot II, p. 262: et en plaidoiant et en gardant son jour; II ch. 12, p. 307: et garde son jor si come il doit.
631 Summa XCV 2 Tardif II, p. 228: expectandum est usque ad occasum solis.
632 Abrégé I ch. 33 Beugnot II, p. 262: gardant son jour, jusques à l'estelle aparant; II ch. 14, p. 310: et est uzé que le jor est à entendre tant come le jor dure, et proprement juques à ce que l'estelle soit aparue et vehue apertement.
633 Summa XCV 2 Tardif II, p. 227/28: prima est in mane... Alia est ad terciam... Alia est ad nonam... Alia autem est ad vesperas; Beaumanoir XXIII 10 ed. Beugnot I, p. 336: Mes se hore de jor fust determinée..., si comme prime, tierce, miedi, nonne et vespres...
634 Glanvilla I 7—22 ed. Woodbine, p. 43—55 u. ö.
635 Const. II 18—20.
636 Const. II 20.
637 Livre au Roi ch. 47 Beugnot I, p. 641: ou est alés en ost ou en chevauchée; Philippe de Navarre ch. 80, p. 552: et avient que le seignor le semont d'aler en ost...
638 Const. II 20: quindecim diebus, antequam iter arripiat, et quindecim, postquam reversus fuerit, immunitatem responsionis habebit, ita quod nulli per se vel per procuratorem, quem non tenetur relinquere, respondere cogetur.
639 Ass. von Antiochien Haute Cour ch. 8 Alishan, p. 24: Mais si la Seigneurie l'invite par sergent à aller à la cavalerie... quand il sera de retour du service, il peut à son gré demander et obtenir de nouveau (le terme de) ses jours, et la Cour le lui donne dans les Assises ordinaires.
640 Const. II 32: contra comitem ... duo comites fidem faciant vel quattuor barones aut octo milites et sic per consequentiam sedecim burgenses probationem ... inducant.
640a Vergl. C 9, 8, 4: Nullus omnino, cui inconsultis ac nescientibus nobis ... tormenta inferuntur, militiae vel generis aut dignitatis defensione uti prohibeatur, excepta tantum maiestatis causa, in qua sola omnibus aequa conditio est.
640b Const. II 32: In omnibus tamen praedictis crimen laesae maiestatis excipimus, in quo casu accusatorum et testium scilicet est conditio exaequata.
641 Dudo von St. Quentin II 32 ed. Lair, p. 172: „Tu quantocius villam pete, atque auctorem furti ignifero judicio inquire."
642 Ordericus Vitalis V 16 ed. Le Prévost II, p. 433: prefixum est in curia regis, ut culpatus vir ... subiret candentis examen chalybis; Concilium von Lillebonne (1080) c. 11 bei Ordericus Vitalis V 5 ed. Le Prévost II, p. 321/22: crimen inficians vel negans, ferri judicio convincitur; Radulf von Caen c. 108 col. 560: placuit summis procerum, ut qui erroris initium fuerat, ipse litem finiret, ignito argumento rei dubiae fidem facturus.
643 Statuta et Consuetudines L 7 Tardif I, p. 42: aque judicio se purgabit; Très ancien Coutumier XXXIX 1 Tardif I², p. 30: il se purgera par jugement d'eve; XXXIX bis 1 p. 30: li malfeteurs se purgera par jugement de fer.
644 Const. II 31: Leges... paribiles... a Nostris judiciis separamus.
645 Const. II 32: in monomachiam, quae duellum vulgariter dicitur ...; Statuta et Consuetudines XLII 1 Tardif I, p. 35; L 5, p. 41; LXXXII 9, p. 89; LXXXIII 9, p. 93; LXXXV 3, p. 95 u. ö.; Glanvilla II 3 ed. Woodbine, p. 58: post vadiationem duelli..., u. ö.
646 Ass. de la Cour des Bourgeois ch. 185 Beugnot II, p. 124: il i aura bataille par dreit, se la maison vaut d'un marc d'argent en amont; Abrégé II ch. 30, p. 342: car contre garens a il bataille de toutes les chozes qui monte (!) à plus d'un marc d'argent; Ass. d'Antioche Ass. des Bourgeois ch. 6 Alishan, p. 58: C'est une règle des Assises qu'il ne peut y avoir de bataille pour une chose qui vaudrait moins qu'un marc d'argent: pour une chose d'une valeur au-dessus d'un marc d'argent, la bataille peut s'engager; Ass. d'Antioche Haute Cour ch. 9 Alishan, p. 26: Cependant

si l'adversaire contredit par ses témoins et... s'efforce de mentir aux témoins, et que quelqu'un de ces derniers veuille prendre son gage et entreprendre la bataille avec lui, c'est permis; ch. 12 ALISHAN, p. 34: les témoins peuvent, si cela leur plaît, entrer en bataille avec lui.

647 Const. II 33: Ab huiusmodi autem sanctionis humanitate praecludimus homicidas ... Crimen etiam laesae maiestatis excipimus.

648 Z. B. Summa LXVII 3 sqs. TARDIF II, p. 168 sqs.; Abrégé II BEUGNOT II, p. 327 sqs. ein Formular mit 16 Punkten über den Zweikampf.

649 Siehe auch Hermann NOTTARP, Gottesurteilsstudien (Bamberger Abh. u. Forsch. 2), München 1956.

650 BUYKEN, Das römische Recht, S. 17 u. Anm. 303. Der Volljährigkeitstermin ist in der normannischen Summa XCIX 3 bis TARDIF II, p. 243, mit 21 Jahren, Summa XXXI 3, p. 101, mit „20 oder 21" Jahren angegeben. Übrigens darf auch nach langobardischem Recht niemand bei „iuvenilis etas" kämpfen: Rofredo, Summa de pugna Absatz II bei Federico PATETTA, Le ordalie. Studi di storia del diritto comparato, Torino 1890, p. 484.

651 Const. II 40: qui aetatis sexagesimum annum tetigerunt, ... pro se pugnare minime teneantur.

652 Beaumanoir LXIII 4 ed. BEUGNOT II, p. 420.

653 Clef des Assises art. 120 BEUGNOT I, p. 588.

654 Jean d'Ibelin ch. 106 BEUGNOT I, p. 176: Se sont les genz qui se pevent defendre par champion: feme, home mahaignié, ou home qui a passé soissante anz.

655 Geoffroy le Tort art. 23 BEUGNOT I, p. 441: Et se aucun des deus est mahaignié de mahaing aparant, ou il a passé aage de soissante anz, il peut metre en leuc de lui champion.

656 Clef des Assises art. 118 BEUGNOT I, p. 388: Qui a passé aage de soissante ans... ne se peut aerdre à autre de son cors, ne autre à lui... que par champion; art. 209, p. 594: Il est certain que prestre ni clerc ne gent de la religion ne feme ne se doivent ne se pevent combatre de leur cors, ne qui a passé aage de soissante ans.

657 Ass. de la Cour des Bourgeois ch. 148 BEUGNOT II, p. 101: S'il avient que un home vient en la cort et sestui home... ait passé aage de soixante ans, et il veut porter garentie en court... il se peut bien eschanger por un autre houme qui se conbatera por lui.

658 Const. II 33: Vix enim aut numquam duo pugiles inveniri [poterunt] sic aequales, ut vel in totum non sit alter altero fortior vel quod in aliqua parte sui [corporis] vigore maiori et potiori virtute vel saltem ingeniis alterum non excedat.

659 Const. II 40: veluti si unum tantum oculum habeat accusatus, is, qui pugnam offert, diebus antea aliquibus illum oculum apposito aliquo sibi claudat, in quo pati dignoscitur accusatus. Similiter et in digitis et in membris aliis hoc volumus obtinere.

660 Altspanisch-gotische Rechte, hrsg. von WOHLHAUPTER, S. 168: Et rememoravit se iste infirmus, et dismentitus est eum et dixit, ut daret ei talem infirmum, sicut ipse erat, et preliaretur cum eo, quod non dicebat veritatem.

661 Ebenda Landrecht von Navarra c. 5 S. 112: Hombre qui bataylla ha de fer et demanda su coygoal, deve ser mesurado con eyll en el pesuezo, en las espaldas con los peytos ensemble, en los brazos zerca cuerpo, en las moynnecas de las manos, en las piernas zerca el cuerpo, en las garras zerca los turtueyllos; c. 8, S. 114/16: et quoando al medir, el reptado deve ser esnuo en bragas, et los otros eso mesmo que se deven midir con eyll, et deve tenir los pies en una tabla plana, et dévenlo mesurar los fieles, con correya de vaca estrecha en las espaldas, con los pechos à buelta, el pescuezo cabo la cabeza, et los musclos de los brazos, et en las muynecas

cabo las manos, en las ancas, en los musclos de las piernas, en las garras sobre los toviellos, et dévenlo mesurar d'alteza; ... et qui meior ygoala con eyll d'alto et en ancho, bataylle con eyll, como dicho es.

662 Const. II 37: Statuimus praeterea, ut amodo campiones habeant clavas aequales. Übrigens fordert auch das langobardische Recht gleiche Waffen der Zweikämpfer: Rofredo, De pugna Abs. VIII PATETTA, p. 490: Scuta et fustes debent esse omnino equalia.

663 Summa LXVII 3 TARDIF II, p. 168: apparati in corietis vel tunicis cum scutis et baculis cornutis. Siehe schon NIESE, S. 184 u. Anm. 2.

664 Abrégé II ch. 7 BEUGNOT II, p. 328: en sa main un baston de cor nervé à une bosse dessus; Jean d'Ibelin ch. 108. BEUGNOT I, p. 178; et bastons de champions qui seient de cor nervés o une boce dessus.

665 Jean d'Ibelin ch. 102 BEUGNOT I, p. 167: et se l'une des lances est plus grant de l'autre, le seignor les deit faire recoignier d'un point; ch. 103, p. 172: et lors la court deit mesurer les lances, et se l'une est plus grant de l'autre, recoignier la, si que l'une seit igual de l'autre.

666 Clef des Assises art. 133 BEUGNOT I, p. 589: Toutes les armeures des champions qui se combatent à cheval, doivent les lanses et les espées estre d'un lonc et d'un grant.

667 Ass. de la Cour des Bourgeois ch. 275 BEUGNOT II, p. 208: Et si devent estre les tanevas tous vermeils, et d'un grant, et d'un pés, et d'une longor, et d'une groceisse les bastons.

668 Altspanisch-gotische Rechte Landrecht von Navarra c. 8 WOHLHAUPTER, S. 114: con lures escudos fechos de sieto ygoales, et los bastones, otrossi.

669 Abrégé II (Münchener Hdschr.) Nr. 15 des Zweikampfformulars BEUGNOT II, p. 332: et lor doit l'on partir le soulaill, si que chascun aie la raie dou soulaill autant l'un come l'autre.

670 Const. II 40: juxta conditionem et qualitatem ... pugnare debeat.

671 Const. II 40: Si miles fuerit is, qui pugna impetitur, et eques se voluerit defendere, adversarius eius, quamvis miles non sit, eques similiter ipsum impugnet.

672 Ebenda: E converso, si pedes fuerit is, qui se defendere nititur, licet is, qui pugnam obtulerit, miles fuerit, non ut miles, sed ut quilibet pugil alius accusatum impugnet.

673 Jacques d'Ibelin ch. 16 BEUGNOT I, p. 459: et se chevalier apelle sergent, il se deit combatre à lui à la lei dou sergent.

674 Geoffroy le Tort art. 24 BEUGNOT I, p. 441: et ce celui qui lieve le garent est sergent, et le garant est chevalier, l'apeleor se deit faire chevalier et se deit combatre à lui come chevalier; art. 25, p. 441: l'apeleor se deit combatre à celui a cui il a apelé, a la lei de bataille de celui qui est apelé.

675 Philippe de Navarre ch. 10 BEUGNOT I, p. 483: Se celui qui lieve le garent est chevalier, et le garent serjant, le chevalier doit aler à pié à la bataille et combatre soi à lui à ley de sergent. Et se celui qui lieve le garent est sergent, et le garent chevalier, l'apellour se doit faire chevalier et se doit combatre à lui come chevalier.

676 Const. II 37—39.

677 Const. II 38.

678 Rofredo, Summa de pugna Abs. III: Qualiter sacramenta in pugna prestentur, bei PATETTA, p. 485/86. Siehe auch Liber Papiensis Liutprandi c. 70, Leges Langobardorum MG. LL. IV, p. 437: Si quis alium asto compellaverit de pugna, quod solet fieri per pravas personas, prebeat sacramentum ipse qui compellat solus et dicat iuratus, quod non asto animo eum per pugnam fatigare quaerat.

679 Const. II 38: Pugilibus etiam expressius inhibemus, quod se non debeant invicem affidare, quod manibus et dentibus et modis, quibuscumque poterint, alter alterum non offendat.

680 Abrégé II (Münchener Hdschr.) Nr. 16 des Zweikampfformulars BEUGNOT II, p. 334.

681 Philippe de Navarre ch. 75 BEUGNOT I, p. 547: Et se il avenist que aucuns ou autre se clamast d'autre de morsure de dens aparant...
682 Const. II 39.
683 Siehe VAN DAELE unter recreant.
684 Statuta et Consuetudines XLI TARDIF I, p. 35: de dicto campione XL s[olidos] et 1 d[enarium] [de] recreantisa habebunt; L 5 u. 6, p. 41 u. 42: XL s[olidos] et 1 d[enarium] dabit pro recreantisa.
685 Glanvilla II 3 ed. WOODBINE, p. 60: poena sexaginta solidorum imminebit victo nomine recreantisae.
686 Très ancien Coutumier XL 1 TARDIF I[2], p. 31: e quant li champions sera vaincuz, il avront LX s[olz] e I denier de la recreandise; L 5 u. 6, p. 38: il paiera LX s[olz] e un denier por la recreandise.
687 Abrégé II (Venezianische Hdschr.) BEUGNOT II, p. 335: vencu ... ou par mort ou par recreandise.
688 Siehe VAN DAELE unter recreantie et recreantise.
689 Glanvilla II 3 ed. WOODBINE, p. 60: nomine recreantisae (andere Hdschr.: recreantis).
690 Jean d'Ibelin ch. 87 BEUGNOT I, p. 139: et que il l'en rende mort ou recreant; ch. 102, p. 169: si que ce aucun d'iaus dit le mout dou recreant ...
691 Abrégé II ch. 25 BEUGNOT II, p. 326: et le rendrai mort ou recreant.
692 Siehe JAMES-WILDHAGEN, English-German Dictionary.
693 Const. II 37: Nullus campio, qui semel in campo devictus fuerit, duellum ad faciendum denuo pro aliquo admittatur, nisi pro se ... cum fuerit ab aliquo impetitus.
694 Glanvilla II 3 ed. WOODBINE, p. 59/60: Si vero ... per duellum victus fuerit (andere Handschriften haben den Zusatz: campio petentis) ... de cetero numquam admittetur ut testis, ad dirationationem pro alio per duellum de cetero faciendam. Pro semet ipso autem poterit. Dazu auch WOODBINE, p. 199 notes. Siehe schon NIESE, S. 184 u. Anm. 1.
695 Statuta et Consuetudines L 5 TARDIF I, p. 41: omnis enim per duellum convictus [legem] testimonii amittit.
696 Abrégé II ch. 24 BEUGNOT II, p. 325: encores y a autre maniere de gent qui ne sont accuillis en la Court de la Visconté en pluisours cas ... et tous champions vencus.
697 Ass. d'Antioche Ass. des Bourgeois ch. 7 ALISHAN, p. 60: Et cet homme (le vaincu!) durant toute sa vie est expulsé de la Cour, et ses paroles ne sont plus acceptables.
698 Const. II 39: si quidem is, pro quo pugnat, accusatus exstiterit, cum, si pugnae succumbat, mori debeat, utpote reus criminis maiestatis vel de homicidio absconso convictus, campio similiter periculum mortis incurrat.
699 Jacques d'Ibelin ch. 23 BEUGNOT I, p. 460: Et celui qui met champion dou fait dou murtre, se son champion est vencu, le cors de celui qui l'a mis est aussi bien justisié come est le vencu; Clef des Assises art. 119 BEUGNOT I, p. 588: Tous ciaus et toutes celles de qui leur champion est vencu en champ, sont aussi justiziés comme les champions sont.
700 Const. II 39: Ceterum si is, pro quo pugnat, accusat, quia forte dolorem justum prosequitur ... quia, si in pugna succumbit, mori non debet, ... campio manum tantum amittat.
701 Ebenda: [In crimine tamen laesae maiestatis accusatorem etiam, qui in pugna succumbat], sicut et reum, si succubuisset in ea, ultimo supplicio subiugamus.
702 Const. II 39.
703 Ass. de la Cour des Bourgeois ch. 264 BEUGNOT II, p. 199.
704 Clef des Assises art. 111 BEUGNOT I, p. 588.
705 Siehe Jacques FLACH, Les origines de l'ancienne France (10e et 11e siècles) vol. III, Paris 1904, p. 88: „L'Etat féodal s'est chez nous constitué premièrement en Normandie, en Flandre, dans le comté de Barcelone. De ces trois pays, la Normandie tient

visiblement la tête.“ HASKINS, Norman Institutions, p. 5: „Norman society in 1066 was a feudal society, and one of the most fully developed feudal societies in Europe.“

706 Leo Marsicanus II 37, p. 653: cognito praedictorum Normannorum adventu, mox illos accessit, eorumque causa diligentius perquisita et agnita, illis de more militiae protinus foederatur.

707 NEUMEYER, Gemeinrechtliche Entwicklung, S. 290 mit Anm. 6 u. 7 u. S. 291 mit Anm. 2, weist darauf hin, daß es in Süditalien im 17. Jh. fast nur noch Lehen zu fränkischem Recht gab, und daß deren Besonderheiten noch in einer Parlamentsakte von 1812 Erwähnung finden.

708 Z. B. Const. I 47, III 23[1], III 27. Siehe auch die verwandten Quellen: Statuta et Consuetudines LXXXIV 1 u. 2 TARDIF I, p. 93/94; Glanvilla VII 10 ed. WOODBINE, p. 108: Notandum tamen quod si quis in capite de domino rege tenere debet...; Magna Carta c. 2 McKECHNIE, p. 196; c. 14, p. 248 u. ö.

709 Const. I 40[2]: de comitatibus scilicet, baroniis, civitatibus, castris et magnis feudis, [quae in quaternionibus doanae Nostrae baronum inveniuntur inscripta]; III 23[1]: castra vel feuda, ... quae in quaternionibus doanae Nostrae inveniuntur in scriptis.

710 Const. I 38[2]: de feudis quaternatis.

711 Const. I 47: comitibus, baronibus et ceteris militaribus viris eorum judicia sibi invicem reservamus.

712 Statuta et Consuetudines XXVI 1 TARDIF I, p. 24: Par per parem judicari debet: barones igitur et milites, legis statuta scientes ... possunt judicare unus alium et subditum eis populum; Très ancien Coutumier XXVI 1 TARDIF I[2], p. 22: Chascuns doit estre jugiez par ses pers: li baron e li chevalier, qui sevent les establissemenz de la loi ... pueent bien jugier li uns l'autre.

713 Summa IX 9 TARDIF II, p. 34: Barones autem per pares suos debent judicari.

714 Magna Carta c. 21 McKECHNIE, p. 295.

715 Ebenda, c. 52, p. 448.

716 Leges Henrici 31,7 LIEBERMANN I, p. 564.

717 Magna Carta c. 39 Mc KECHNIE, p. 375: Nullus liber homo capiatur vel imprisonetur, aut disseisiatur, aut utlagetur, aut exuletur ... nisi per legale judicium suorum vel per legem terre.

717a Sachsenspiegel II 12, § 2; III 19.

718 Clef des Assises art. 94 BEUGNOT I, p. 586: en la Haute Cour ne doit nul estre jugié que par ces pers de choze qui soit de cors ne de henour ne de fié, ne faire esgart ne counissance de court ne recort.

719 Const. I 47.

719a Ebenda: ac deinde secundum obtentas consuetudines et jura ... sententias formare curabunt.

719b Const. I 73[1 u. 2]: qui iuxta tenorem constitutionum Nostrarum et iura aut consuetudines approbatas causas audiant.

720 Const. I 38[2]: ut magister justitiarius Nostrae curiae ... de feudis quaternatis ... decidat.

721 Const. III 3.

722 Siehe VAN DAELE unter tenement.

723 Const. III 3: [villani] qui ... respectu tenementi vel alicuius beneficii servire tenentur.

724 Statuta et Consuetudines XLVII 2 TARDIF I, p. 39: Si vero alia tenementa habeat extra baroniam, relevabit dominis suis, juxta morem patrie: feod[um] lorice sicut debet; LVII 6, p. 48: Plura sunt tenementa que non possunt dari ecclesie in elemosinam, quia ecclesia de illo tenemento non potest facere servicium.

725 Glanvilla IX 1 ed. WOODBINE, p. 124: donec ipsius heredis receperit homagium de tenemento unde servitium habere clamat.

726 Const. III 3.

727 Siehe Van Daele unter vilain und v. Wartburg unter villanus.

728 Const. III 60: qui vilis conditionis sit, villanus aut angararius forsitan.

729 Const. II 32, III 4^{1}. Beide Worte begegnen auch im fränkischen Recht des Königreichs Jerusalem: Jean d'Ibelin ch. 242 Beugnot I, p. 388: sur les rentes d'un casau...; Philippe de Navarre ch. 56, p. 550: viles et casaus et autres rentes; Clef des Assises art. 35, p. 582: quant de casal nomé e coneu...

730 Ass. von Capua c. 9 bei Richard von San Germano ed. Garufi, p. 90: videlicet civitates, munitiones, castra, villas, casalia et quicquid in eis esse et in demanium consuevit... esse.

731 Siehe Van Daele unter vile und v. Wartburg unter villa.

732 Siehe Van Daele unter casel.

733 Const. II 32: quod nullus angararius, villicus seu quicumque... villanus... et postremo nullus vilis conditionis contra comites et barones... in testimonium possit induci.

734 Dieses Wort kommt in den Constitutionen von Melfi nicht vor.

735 Const. I 91^{1}, I 91^{2}, I 92^{1}.

736 Ebenda.

736a Const. II 20.

736b Siehe Van Daele unter apoie.

737 Statuta et Consuetudines VIII 5 Tardif I, p. 9: Nec feodum lorice, nec serjanteria, que ad domin[i]um Ducis pertinet, nec baronia partientur; LXVI 2, p. 61: qui de ipso tenebant jure hereditario serjanteriam, vel alodia, vel feoda; LXXXIII 4, p. 92: Si in hereditate eorum fuerit baronia, vel feodum lorice, vel serjanteria; Très ancien Coutumier VIII 5 Tardif I^{2}, p. 7: Ne fiez de hauberc, ne sergenterie qui apartiegne a la segnorie au duc, u. ö. Siehe auch François Olivier-Martin, Précis^{4}, p. 176 n° 484.

738 Glanvilla IX 4 ed. Woodbine, p. 128: Item est de serianteriis. Siehe auch François Ganshof, Was ist das Lehnswesen?, Darmstadt 1961, S. 130. (Autorisierte u. durchgesehene Übers. d. 3. Aufl. Brüssel 1957.)

739 Philippe de Navarre ch. 72 Beugnot I, p. 542: Et s'il y a chevallerie ou sergenterie non partageable...

740 Const. III 43: eadem poena imminente vallecto, qui militem nobilioris gradus verberare temptaverit. Über die vallecti siehe Ernst Kantorowicz, Kaiser Friedrich II. S. 289 f. Sie stellten „die unterste Stufe der Ritterschaft" dar.

741 Siehe Van Daele unter vaslet, v. Wartburg unter vassellittus, Bloch-v. Wartburg^{4} unter valet.

742 Const. II 36: quod homo... praedecessoribus suis vel sibi fidelitatis et homagii praestiterit sacramentum.

743 Summa XXVI 3 Tardif II, p. 91.

744 Ordericus Vitalis III 5 ed. Le Prévost II, p. 75: Tunc Baldricus Rodberto abbati junctis manibus fidelitatem fecit; Radulf von Caen c. 17, col. 505: Boamundus per pacta foedera, per junctas dexteras, per homagii fidem adjuratus; c. 18, col. 506: jungunt dextras... Celebrato ritu quem ad haec foedera principes observant...; Willelmus Pictaviensis I 37 ed. Foreville, p. 88: Hic... Northmanniae ducem Guillelmum... supplex adiit, manibus ei sese dedit, cuncta sua ab eo ut miles a domino recepit; I 42, p. 104: Dux ei jam satelliti suo accepto per manus... terras ejus... dedit petenti.

745 Dudo von St. Quentin III 58 ed. Lair, p. 202/03: „precor vos ut ... intentione custodiendae fidelitatis et militationis, manus vestras manibus ejus detis" ... Igitur ... Northmanni et Britones commendaverunt se Ricardo unanimes; IV 67, p. 221: Tunc illi... manibus voluntarie datis... commendaverunt se illi.

746 Siehe Hans PLANITZ, Dt. Rechtsgesch., Graz 1950, S. 101; GANSHOF, Lehnswesen, S. 74/75.
747 Dudo von St. Quentin III 38 ed. LAIR, p. 182.
748 Summa XXVI 3 TARDIF II, p. 91/92: Quod a domino... recipitur expansis manibus ipsius et interpositis manibus homagium facientis; XXVII 1, p. 94: Homagium itaque est fidei promissio observande ... Quod fit expansis ac conjunctis manibus inter manus recipientis.
749 Bracton, De legibus II 35, § 9 ed. WOODBINE II, p. 232.
750 Établissements de Saint Louis ed. Paul VIOLLET vol. II, Paris 1881, p. 398.
751 Bracton, De legibus II 35, §§ 8 u. 9 ed. WOODBINE II, p. 232.
752 Geoffroy le Tort art. 2 BEUGNOT I, p. 445.
753 Darüber ausführlich und mit reichen Belegen Walther KIENAST, Untertaneneid und Treuvorbehalt in Frankreich und England. Studien zur vergleichenden Verf. gesch. d. Mittelalters, Weimar 1952.
754 Ebenda, S. 234.
755 Summa VI 8 TARDIF II, p. 21: usitatum est in Normannia quod nullus potest ab aliquo homagium recipere nisi salva fidelitate ducis Normannie.
756 Summa XIII 1 TARDIF II, p. 39: Unde homagium vel fidelitatem alicujus nullus debet recipere, nisi salva principis fidelitate.
757 Summa XXVI 3 TARDIF II, p. 91: fides inter dominum et hominem observari expresse promittitur salva fide ducis Normannie.
758 Glanvilla IX 1 ed. WOODBINE, p. 124. NIESE meint S. 159, „diese Erweiterung" sei „dem anglonormannischen Rechtsgebiet fremd" gewesen.
759 Gaufredi Malaterrae Historia Sicula IV 20, MIGNE, P. L. 149, col. 1199.
760 Const. III 18.
761 Const. III 16.
762 Geoffroy le Tort art. 2 BEUGNOT I, p. 445: il doit dire: „Je deviens vostre home, sauve la ligece dou roy."
763 Philippe de Navarre ch. 63 BEUGNOT I, p. 534.
764 Ordericus Vitalis X 14 ed. LE PRÉVOST IV, p. 88: Legaliter, inquit, reminisci fidei debemus, quam Rodberto duci ... promisimus ... hominium illi fecimus. Quapropter tam absenti, quam praesenti fidelitas a nobis servanda est in omnibus; Dudo von St. Quentin IV 67 ed. LAIR, p. 221: iste erit nobis congruus comes duxque patricius haereditarius, ejusque praecepto per omnia obtemperabimus; IV 68, p. 222: spoponderunt et voverunt illi se per omnia esse fideles; IV 95, p. 253: Ille vero, suus miles effectus, gratia illius amoris ut domino per omnia obedit.
765 Dudo von St. Quentin IV 71 ed. LAIR, p. 226: in primis juravit se contra omnes illi auxiliari; IV 76, p. 232: sacramento verae fidei spopondit se puero contra omnes auxiliari; IV 93, p. 250/51: si placuisset Ricardo duci... seipsum flectere ut militaret mihi,... continuus defensor et adjutor contra omnes adessem; Fulbert von Chartres ad. R. nobilem... virum, Recueil des Historiens des Gaules et de la France X, p. 447: de auxilio vestro contra omnes homines...; Summa XXVII 1 TARDIF II, p. 94: ad portandum vobis fidem contra omnes.
766 Glanvilla IX 1 ed. WOODBINE, p. 124: Potest autem quis plura homagia diversis dominis facere de feodis diversorum dominorum. Sed unum eorum oportet esse praecipuum et cum ligeantia factum. Siehe schon GANSHOF, Lehnswesen, S. 108/09.
767 Livre au Roi ch. 33 BEUGNOT I, p. 628: c'il avient que un home lige soit mors...; ch. 40, p. 635: C'il avient que un clain viegne en la Haute Cort d'un chevaler sodoier qui ait batu ou feru un chevaler home lige...
768 Ass. of Northampton c. 6 STUBBS[8], p. 152: qui nondum fecerunt homagium et ligantiam domino regi ... et faciant regi homagium et ligantiam sicut ligio domino.
769 Const. III 16: salvo jure per omnia domini; III 18: salvo per omnia fidelitate, mandato et ordinatione Nostra.

770 Const. III 18: immo eam (scil. terram) ipsis contra omnem hominem defendere pro posse curabunt.

771 Const. III 36: ... ut vasallus ei servierit in omnibus.

772 Const. III 18.

773 Const. III 24: recipere sacramenta ab hominibus.

774 Siehe Hans PLANITZ, Germ. Rechtsgesch., Berlin 1941^2, S. 141.

775 Ass. d'Antioche Haute Cour ch. 2 ALISHAN, p. 8: on ne doit pas oublier que les liens de fidélité et d'intimes rapports qui les unissent, sont aussi forts que possible.

776 Const. III 16; III 18. NIESE will, S. 157/58, den Assecurationseid gleichsetzen mit einem allgemeinen Eid aller Untertanen. In der ausgeprägten Form aber, die hier geschildert wird, kann er sich doch wohl nur auf die Vasallen beziehen.

777 Siehe auch GANSHOF, Lehnswesen, S. 88 u. 89.

778 Const. III 18: Domini a vasallis ... assecurari debent ... de ... honore.

779 Dudo von St. Quentin IV 84 ed. LAIR, p. 239: quia rex Franciscae gentis totius Northmanniae monarchiam vindicat sibi, auferens omnem honorem puero Ricardo; IV 92, p. 248: erat quidam Rodulfus ... qui totius Northmanniae honorem post mortem Willelmi ... sibi vindicabat; Guillaume de Jumièges Additamenta ed. MARX, p. 339: comes Normanniae ... facit ... fidelitatem regi Franciae ... de suo terreno honore; Ordericus Vitalis VIII 7 ed. LE PRÉVOST III, p. 307/08: Buamundus ... partem ... paterni honoris, quem ipse cum patre bello subegerat, viriliter repetere coepit; VIII 28, p. 456: Ivo paternum honorem in Anglia primo aliquandiu tenuit, sed postmodum ... invadiavit; X 3 LE PRÉVOST IV, p. 15: Tandem comes pristinum honorem ... nepoti suo restituit; XI 4 LE PRÉVOST IV, p. 184: Agnes ... paternum ei honorem per multos annos prudenter gubernavit; XIII 20 LE PRÉVOST V, p. 56: Mox omnes ... decreverunt uni domino militare propter honores quos in utraque barones possidebant regione.

780 Leges Henrici 55,3 LIEBERMANN I, p. 575: Omnis homo fidem debet domino suo de vita et membris suis et terreno honore.

781 Bracton, De legibus et consuetudinibus Angliae II 35 § 9 ed. G. E. WOODBINE, vol. II, New Haven 1922, p. 232: et fidem vobis portabo de vita et membris et terreno honore ...

782 Glanvilla IX 1 ed. WOODBINE, p. 124.

783 Jacques d'Ibelin ch. 2 BEUGNOT I, p. 455: Et l'home est tenu au seignor ... à garder et à sauver et à défendre et à maintenir son cors et ces honors.

784 Const. III 18: Consilium, quod eis crediderint, nulli revelent, et si aliquod sinistrum de eis audiverint, quod per se vel per alios disturbare non possunt, eis ..., quam citius poterunt, nuntiare curabunt.

785 Leges Henrici 55,3 LIEBERMANN I, p. 575: Omnis homo fidem debet domino suo de ... observacione consilii sui.

786 Geoffroy le Tort art. 3 BEUGNOT I, p. 445: Et ce de quoi l'ome est tenu à son seignor par sa foy: que il le doit garder, sauver et defendre, lui et ses raisons. Ne li doit faire, ne faire à faire, ne consentir que on li face, ne honte ne demage ... Et se il set que aucun le li face, ou veulle faire, il le doit destorner et deffendre, à son pooir, et se il ne le puet destorber, il l'en doit garnir son seignor.

787 Clef des Assises art. 260 BEUGNOT I, p. 598: et son honour garder et sa bone renomée.

788 Const. III 16: servitium ... praestare tenetur.

789 Ebenda: servitium curiae.

790 Const. II 20: hosticum.

791 PLANITZ, Germ. Rechtsgesch.^{2}, S. 141.

792 Siehe unten S. 51.

793 Const. III 12.

794 Ass. von Capua c. 13 bei Richard von San Germano ed. GARUFI, p. 91 col. a: Precipimus etiam ut domini habeant vassallos suos et teneant eo modo quo tenuerunt [tempore] regis Guillelmi, et nullum aliud servitium exigant ab eis, nisi quod tempore regis eiusdem exigi consuevit.
795 Siehe schon GANSHOF, Lehnswesen, S. 81.
796 Établissements de Saint Louis II 19 ed. VIOLLET II, p. 398.
797 Jacques d'Ibelin ch. 2 BEUGNOT I, p. 455.
798 Siehe schon Heinrich MITTEIS, Lehnrecht und Staatsgewalt. Untersuchungen zur mittelalterlichen Verf.gesch., Weimar 1958, S. 508 und GANSHOF, Lehnswesen, S. 135.
799 MITTEIS, Lehnrecht u. Staatsgewalt, S. 508 u. Anmerkungen.
800 Ebenda, S. 508 Anm. 176.
801 Ebenda, S. 511/12 u. Anm. 190 u. 191. Bei Leo Marsicanus II 63, p. 672 Anm. 58 ist Amatus II 6 zitiert, der die Investitur des Normannen Rainulf von Aversa durch Kaiser Konrad II. beschreibt: „o une lance publia et o un gonfanon dont estoit larme imperial". Und bei der Belehnung Guaimars V. von Capua durch denselben Kaiser ist gesagt: „et lui donna lo gofanon en main".
802 Const. III 25: quibus praedicta assignari debeant...; pro assignanda possessione terrae concessae.
803 HEUMANN-SECKEL, Handlexikon zu den Quellen des römischen Rechts, Graz 1958[10], weist z. B. hin auf D. 6, 1, 15, 2 und D. 21, 1, 11 pr.
804 Ebenda. Z. B. D. 43, 20, 1, 44.
805 Const. III 19: dominus potest de eo, quod tenet ab ipso, per esguardium eum dissaisire.
806 v. KÜNSSBERG, Rechtliche Volkskunde, S. 27 u. 28.
807 Const. III 3: prius tamen his, quae tenent a dominis, eorum manibus resignatis.
808 Siehe GANSHOF, Lehnswesen, S. 137 u. Anm. 54; OLIVIER-MARTIN, Précis[4], p. 177 n° 486.
809 Const. III 25.
810 Ebenda.
811 Const. III 19. Siehe oben S. 28 f.
812 Const. III 16; III 19.
813 Siehe schon NIESE, S. 160.
814 Summa XXXVIII 3 TARDIF II, p. 118: super quo esgardium curie facere sum paratus, u. ö.
815 Summa LXI 1 TARDIF II, p. 157: quod curia esgardaverit.
816 Willelmi articuli frz. Fassung art. 8 LIEBERMANN I, p. 489: sie cum nos ancestres esgarderent.
817 Jean d'Ibelin ch. 14 BEUGNOT I, p. 38: on deit demander conseill de court par esgart; ch. 192, p. 307: et il sont forjugiés par esgart ou par conoissance de court; Philippe de Navarre ch. 14 BEUGNOT I, p. 487: Et de ce ne oï je onques faire esgart; ch. 17, p. 492: je ne plaidiais onques de querele moie qui fust conduite par esgart de court; Abrégé II ch. 3 BEUGNOT II, p. 294: la court fera son esgart; Clef des Assises art. 94 BEUGNOT I, p. 586: ne faire esgart ne counissance de court ne recort; art. 124, p. 588: La court ne doit faire esgart ne counissance que des parolles que l'om dit.
818 Livre au Roi ch. XVII BEUGNOT I, p. 618: Et se li borgeis... ne peut paier l'esguart de la cort...
819 Abrégé II ch. 3 BEUGNOT II, p. 294: La court a esgardé.
820 Const. III 19.
821 Const. III 16.
822 Ass. von Capua c. 20 bei Richard von San Germano ed. GARUFI, p. 93: ut ad summonitionen nostram et ordinatorum nostrorum parati sint debitum servitium exhibere; quod qui non fecerit, feudum amittat.
823 Const. III 19: si vasallus ... feloniam ... commiserit ...

824 Ebenda: contra ipsum, filios vel uxorem...
825 Summa XIII 2 Tardif II, p. 39: Inter dominos autem alios et homines fides debet taliter observari, quod neuter in personam alterius corporalem violenciam seu percussionis injectionem cum violencia debet irrogare.
826 Glanvilla IX 1 ed. Woodbine, p. 124/25: Patet itaque ex praedictis quod si quis aliquid ad exheredationem domini sui fecerit, et super hoc convictus fuerit, feodum quod de eo tenet iure amittet et heredes eius. Idem quoque erit si manus violentas quis in dominum suum iniecerit eum laedendo vel atroci iniuria eum afficiendo, et hoc fuerit versus eum legitime in curia comprobatum. Siehe schon Niese, S. 160 u. Anm. 3.
827 Livre au Roi ch. 16 Beugnot I, p. 616: s'il avient que aucun home lige lieve armes contre son seignor, si deit estre deserités à tousjors.
828 Ebenda, p. 616/17: s'il avient que aucun home lige veut empoisouner son seignor ou sa moillier ou aucun de ses enfans, si juge la raison qu'il det estre deserités à tousjors.
829 Clef des Assises art. 261 Beugnot I, p. 598: Home ne peut ne ne doit porter armes contre son seignor ne faire choze a force.
830 Const. III 19: Si vasallus a domino suo publice requisitus pro eo fideiubere noluerit... vel rationem pro eo et in curia sua conquerentibus de eo, quod ad dominum spectat, per sententiam judicum facere noluerit...
831 Summa LIX 10 Tardif II, p. 150/51.
832 Jean d'Ibelin ch. 196 Beugnot I, p. 315: que l'om deit entrer en ostage por son seignor geter de prison; Clef des Assises art. 260, p. 598: L'ome doit entrer en ostage por son seignor geter de prizon; Livre au Roi ch. 7, p. 611: Mais se il avenoit qu'il i eust aucun de ces homes liges qui ne vosist entrer en ostage por son seignor, la raison juge celuy et coumande qu'il enci juge, ce est qu'il det estre tout premier deserités de tout can que il tenoit.
833 Glanvilla IX 4 ed. Woodbine, p. 126/27: Mutua quidem debet esse dominii et homagii fidelitatis connexio, ita quod quantum homo debet domino ex homagio, tantum illi debet dominus ex dominio.
834 Const. III 19: Econverso si dominus pro vasallo suo, qui sit in curia criminaliter accusatus vel appellatus de eo, quod ad regiam maiestatem non spectat, fideiubere noluerit vel si ipsum sine justa causa verberaverit vel cum uxore sua adulterium commiserit vel filiam eius invitam defloraverit, homagium eius amittat, et homo praedictus immediate ad curiam Nostram pertineat.
835 Summa XIII 3 Tardif II, p. 39: Si autem in domino inventum fuerit hoc commissum, ejus superiori referetur homagium.
836 Const. III 14: Si dominus vasallum suum, qui pro eo in criminali et capitali causa fideiussit, a fideiussione non liberaverit, ipso jure homagium eius amittet.
837 Clef des Assises art. 262 Beugnot I, p. 598: Le seignor ne doit conoistre qu'il ait son home pris ne enprisoné, ne mis main ne fait metre sur lui, sans esgart et sans counoissance de court; et se il le counoit, l'ome sere quite vers lui de sa foy.
838 Jean d'Ibelin ch. 206 Beugnot I, p. 330: c'il gist charnellement o sa fille, ou la requiert de folie..., ou ce il quiert ou fait... l'une des choses dessus ditte... à la suer, tant come elle est dameiseille en l'ostel de son frère.
839 Jean d'Ibelin ch. 196 Beugnot I, p. 316: le seignor est tenus par sa fei de delivrer à son leau poeir celui ou ciaus ... de ces homes que il a mis en ostage por sa delivrance.
840 Geoffroy le Tort art. 4 Beugnot I, p. 445: se il avient que le seignor faille vers son home... il est quite vers le seignor de l'omage et dou service que il li devoit.
841 Const. III 20: Rubrica de collectis ... ab hominibus eorum adiutorium petere ... Collecta als synonym zu adiutorium in der Normandie belegt eine von Du Cange zitierte Urkunde unter collecta: „adjutorium, quod ex nostrae gentis (Normanno-

rum!) consuetudine collecta vocatur". Über das Institut der Collecta siehe schon Oskar MAERKER, Die „Collecta" in der Monarchia Sicula Kaiser Friedrichs II., Heidelberg 1889 und Hans WILDA, Zur sizilischen Gesetzgebung, Steuer- und Finanzverwaltung unter Kaiser Friedrich II. und seinen normannischen Vorfahren, Diss. Halle 1889.

842 Const. III 20: statuimus dominos nonnisi in subscriptis casibus tantum ab hominibus eorum adiutorium petere.

843 Ebenda. Bartolomeo CAPASSO, Sulla Storia Esterna delle Costituzioni di Federico II, Atti dell'Accad. Pontaniana IX, Napoli 1871, pp. 22 u. 24 nota 1 schreibt dieses Gesetz Wilhelm II zu, auch MONTI, p. 105. NIESE nimmt dagegen (S. 109) an, daß es von Roger II. erlassen worden sei und ein Interpretationsgesetz zu Ass. Vatic. III darstelle.

844 Siehe VAN DAELE unter conrei.

845 Ass. Cass. 38 bei MONTI, Lo Stato Normanno-Svevo, p. 160.

846 Const. III 21: concedimus facultatem ... adiutorium ab hominibus ... exigere moderate, pro facultatibus hominum et expensarum etiam quantitate.

847 Const. III 20: In omnibus praedictis casibus moderate tamen domini ab eis adiutorium exigant et requirant.

848 Const. III 21: pro militia fratris ... pro faciendo fratre milite.

849 Glanvilla IX 8 ed. WOODBINE, p. 130: poterit ... auxilia ... exigere ... tamen moderate secundum quantitatem feodorum suorum et secundum facultates.

850 Ebenda: Postquam vero convenerit inter dominum et heredem tenentis sui de rationabili relevio dando et recipiendo, poterit idem heres rationabilia auxilia de hominibus suis inde exigere.

851 Ebenda: si filius et heres suus miles fiat, vel si primogenitam filiam suam maritaverit.

852 Ebenda: utrum vero ad werram (andere Hdschr. haben waram, guerram, gwerram) suam manutenendam possint domini huiusmodi auxilia exigere quaero. Obtinet autem quod non possunt ad id tenentes distringere de iure nisi quatenus velint facere.

853 Siehe Anm. 850.

854 Magna Carta c. 12 MCKECHNIE, p. 231 sq.: nisi ad corpus nostrum redimendum, et primogenitum filium nostrum militem faciendum, et ad filiam nostram primogenitam semel maritandam.

855 MCKECHNIE, p. 233.

856 Magna Carta c. 15 MCKECHNIE, p. 256: nisi ad corpus suum redimendum, et ad faciendum primogenitum filium suum militem, et ad primogenitam filiam suam semel maritandam.

857 Ebenda, c. 12, p. 232: et ad hec non fiat nisi racionabile auxilium; c. 15, p. 256 hat denselben Passus.

858 Statuta et Consuetudines XLVIII 1 TARDIF I, p. 39: Si vero aliquis dominus filium suum primogenitum militem faciet, homines sui debent ei auxilium quasi de dimidio relevamine. Similiter de filia sua primogenita maritanda.

859 Statuta et Consuetudines XLVIII 2 TARDIF I, p. 39: Nullus vero hominum audeat talias vel exactiones ab hominibus suis exigere, nisi per scriptum Ducis ..., scilicet pro gravamine guerre, vel alia hujus[modi] causa.

860 Très ancien Coutumier XLVIII TARDIF I^2, p. 36: D'aides.

861 Summa XXXIII 2 TARDIF II, p. 110/11: Tria autem sunt capitalia auxilia Normannie: unum videlicet ad primogenitum filium domini in ordinem milicie promovendum; secundum ad primogenitam filiam domini maritandam; tercium ad corpus domini sui de prisonia redimendum, cum captus fuerit pro guerra ducis Normannie.

862 Siehe die Belege bei NIESE, S. 109 Anm. 3 und bei GANSHOF, Lehnswesen, S. 96. MITTEIS, Lehnrecht, S. 615, glaubt an „französischen" Einfluß; den angevinischen, von dem NIESE, S. 109, spricht, lehnt er ab.

863 Statuta et Consuetudines XLVII 1—3 Tardif I, p. 39; Glanvilla IX 3—6 u. 8 ed. Woodbine, p. 126—129 u. 130; Magna Carta c. 2 McKechnie, p. 196.
864 Très ancien Coutumier XLVII Tardif I², p. 35: De reliés.
865 Ebenda LXXXV, p. 79: De relief.
866 Leis Willelme 20 Liebermann I, p. 506 col. a: De relief a cunte, ki al rei afert; 20,1: De relief a barun; 20,2: De relief a vavassur a sun lige seinur.
867 Const. III 25.
868 Siehe Ganshof, Lehnswesen, S. 151.
869 Giselbert von Mons, Chronique c. 186 ed. Léon Vanderkindere, p. 275: cum iuris sit ... in Francia, ut quilibet homo pro relevio feodi sui ligii tantum det ... quantum ipsum feodum intra annum valeat.
870 Glanvilla IX 4 ed. Woodbine, p. 128: De baroniis vero nihil certum statutum est, quia iuxta misericordiam et voluntatem domini regis solent capitales baroniae de releviis suis domino regi satisfacere.
871 Magna Carta c. 2 McKechnie, p. 196: heres ... habeat hereditatem suam per antiquum relevium,scilicet ... heres vel heredes baronis de baronia integra per centum libras.
872 Const. III 26: qui ex fide illud (scil. balium) gerere debeat.
873 Const. III 26: si vero minores filiae comitum, baronum vel militum superstites fuerint, ipsarum balium excellentia Nostra recipiat.
874 Statuta et Consuetudines XI 3 Tardif I, p. 12: Item si contigerit orphanum de Duce tenere aliquid, ... Dux costodiam habebit orphani.
875 Glanvilla VII 10 ed. Woodbine, p. 108: si quis in capite de domino rege tenere debet, tunc ejus custodia ad dominum regem plene pertinet.
876 McKechnie, p. 206: „Wardship' placed the property and person of the heir at the mercy of the Crown."
877 Glanvilla VII 9 ed. Woodbine, p. 107: Si vero constet eos esse minores, tunc tenentur heredes ipsi esse sub custodia dominorum suorum; Magna Carta c. 3 McKechnie, p. 203: Si autem heres ... fuerit infra etatem et fuerit in custodia ...; c. 4, p. 205: et si nos commiserimus custodiam alicujus; c. 5, p. 209: quamdiu custodiam terre habuerit; c. 37, p. 367: nos non habebimus custodiam heredis nec terre sue.
878 Const. III 26: balium excellentia Nostra recipiat, ipsum sibi vel tenendum vel alii ... juxta approbatam regni consuetudinem concedendum.
879 Glanvilla VII 10 ed. Woodbine, p. 108: Si vero dominus rex aliquam custodiam alicui commiserit ...
880 Siehe Heinrich Mitteis, Zur Geschichte der Lehnsvormundschaft, Festschr. Alfred Schultze, Weimar 1934, S. 142.
881 Const. III 26: In aliquibus regni Nostri partibus consuetudinem pravam hactenus audivimus obtinuisse, quod ... consanguinei quantumcumque remoti masculini sexus tam balium pupillarum ipsarum post mortem patris accipiunt quam successionem usurpant.
882 Const. III 30: Ita videlicet, ut deducto eo, quod curiae, prout moris est, pro ipso balio dederit, necnon deductis justis et moderatis expensis, quas pro victu et vestitu suo et quas in persona aut rebus pueri vel pro servitio debito curiae Nostrae de his, quae minor tenet, ipsum balium fecisse constabit, reliqua pupillo integre reddere teneatur.
883 Statuta et Consuetudines XI 2 Tardif I, p. 11/12: domini autem ... nemora eorum et tenementa fideliter omnia custodient.
884 Glanvilla VII 9 ed. Woodbine, p. 107: ... Nihil tamen de hereditate de iure alienare possunt ad remanentiam.
885 Glanvilla VII 9 ed. Woodbine, p. 108: Restituere autem tenentur custodes hereditates ipsis heredibus instauratas.

886 Ebenda, p. 107: plenam inde habent (verschiedene Hdschr. haben habeant) dispositionem.

887 Magna Carta c. 4 McKechnie, p. 205: Custos ... non capiat de terra heredis nisi racionabiles exitus, et racionabiles consuetudines, et racionabilia servicia, et hoc sine destructione et vasto hominum vel rerum.

888 Ebenda, c. 5, p. 209/10: Custos autem ... sustentet domos, parcos, vivaria, stagna, molendina et cetera ad terram illam pertinencia de exitibus terre ejusdem.

889 Const. III 26: cum ad nubilem aetatem pervenerint et balium Nostrum vel alterius per supervenientem vicesimumquintum annum excesserint, ... secundum paragium curabimus maritare.

890 Siehe Van Daele unter parage.

891 Statuta et Consuetudines X 1 Tardif I, p. 10.

892 Très ancien Coutumier X 1 Tardif I², p. 9: Se aucuns oirs a une suer, il la mariera ... a son pooir regnablement et em parage e en tenement.

893 Summa XXXI 13 Tardif II, p. 105.

894 Magna Carta c. 6 McKechnie, p. 212: heredes maritentur absque disparagacione.

895 Philippe de Navarre LXXXVI Beugnot I, p. 559: le seignor la peut semondre (die Witwe des Lehnsträgers) d'esposer mari, et il en deit offrir trois, qu'ele prenge le queil q'ele vaudra ... la feme est à chois de dire lequeil elle vaudra, et metre avant le parage de li ou de son mari qui fu, et le seignor ne la deit desparagier ... Et tout aussi peut le seignor semondre et mener une pucelle qui ait fié ... sauve la difference dou parage; Ass. d'Antioche Haute Cour ch. 6 Alishan, p. 18: son fils aîné ... mariera ses soeurs convenablement, en les plaçant dans les familles proportionnées à la sienne.

896 Gaufredus Malaterra III 30 col. 1175: comes ... uxorem nepotis sui Serlonis ... cum omni dote sibi competenti, ipsa multum renitente, in matrimonium concessit.

897 Ebenda: Gregarius autem miles quidam, nomine Angelmarus, comiti diu servierat.

898 Summa XXXI 13 Tardif II, p. 105.

899 Magna Carta c. 6 McKechnie, p. 212: antequam contrahatur matrimonium, ostendatur propinquis de consanguinitate ipsius.

900 Articles of the Barons (1215) c. 3 McKechnie, p. 487: ut heredes ... maritentur per consilium propinquorum de consanguinitate sua. McKechnie definiert p. 213 das Wort „consilium" als „consent".

901 McKechnie, p. 212 sqs.

902 Philippe de Navarre ch. 86 Beugnot I, p. 558: De ce avint que enssi fu establi que nule d'eles ne se peust marier sans le congié dou seignor et par le plus et le meaus des amis charneis de la feme.

903 Siehe schon Robert Besnier, Les filles dans le droit successoral normand, Tijdschr. voor Rechtsgesch. 10, 1930, p. 496.

904 Const. III 26: consanguinei quantumcumque remoti masculini sexus tam balium pupillarum ipsarum post mortem patris accipiunt quam successionem usurpant ... Quod quidem et naturae dignoscitur esse contrarium, quae parentum votis absque discretione sexus tam masculos quam feminas commendavit, et juri ... communi ... specialiter derogatur.

905 Const. III 30: de administratione balii reddere debeant rationem.

906 Statuta et Consuetudines XI Tardif I, p. 10 sqs.

907 Glanvilla VII 9 ed. Woodbine, p. 107 u. 108.

908 Const. III 26: cum ... balium Nostrum ... per supervenientem vicesimumquintum annum excesserint.

909 Ebenda: cum ad nubilem aetatem pervenerint. Cf. D. 35, 1, 10 pr.: nubilis aetatis und D. 49, 1, 28, 2: si ... ad legitimam aetatem pervenit.

910 Statuta et Consuetudines VI Tardif I, p. 7: Etas est statuta ad 21 annos; Très ancien Coutumier VI 2 Tardif I², p. 4: Li aages, qui est establiz a ce, est XXI an.

911 Glanvilla VII 9 ed. Woodbine, p. 107: donec plenam habuerint etatem, si fuerint heredes de feodo militari, quod sit post vicesimum et unum annum completum si fuerit heres et filius militis vel per feodum militare tenentis.

912 Const. II 42: De restitutione minorum. Siehe Buyken, Das römische Recht, S. 17 u. die Anmerkungen dazu.

913 Const. III 30.

914 Const. III 23[1].

915 Ass. von Capua c. 17 bei Richard von San Germano ed. Garufi, p. 92, col. a: Precipimus quod nullus comes vel baro matrimonium contrahat sine licentia nostra.

916 Über dies Gesetz Wilhelms I. siehe schon Niese, S. 152 u. Anm. 3.

917 Const. III 23[1]: ut nullus comes vel baro vel quilibet alius, qui baronias, castra vel feuda a Nobis in capite tenent vel ab alio, quae in quaternionibus doanae Nostrae inveniuntur ..., sine permissione Nostra uxorem ducere valeant, maritare filias vel sorores aut neptes vel quaslibet alias, quas ipsi possint vel debeant maritare, aut filios uxorare ...

918 Acta Imperii inedita ed. Winkelmann I Nr. 850, p. 654, eine Abänderung der Constitution über die Eheschließung von Kronvasallen, aus dem Jahre 1241.

919 Charter of Liberties of Henry I c. 3 McKechnie, p. 481: si quis baronum vel aliorum hominum meorum filiam suam nuptum tradere voluerit, sive sororem, sive neptem, sive cognatam, mecum inde loquatur.

920 Glanvilla VII 12 ed. Woodbine, p. 199: sine dominorum dispositione vel assensu nulla mulier heres terre maritari potest, de jure vel consuetudine regni.

921 Magna Carta c. 8 McKechnie, p. 220: Nulla vidua ... se non maritabit sine assensu nostro, si de nobis tenuerit, vel sine assensu domini sui de quo tenuerit, si de alio tenuerit.

922 Philippe de Navarre ch. 86 Beugnot I, p. 558: Au coumencement et grant tens après que la terre fust conquise, se marioient on teil maniere que le seignor esteit mal servi des maris ... De ce avint que enssi fu establi que nule d'eles ne se peust marier sans le congié dou seignor.

923 Ebenda: Après avint que le seignor prist si tout le poeir à sei, que il les marioit quant il voloit et à teis come il voloit.

924 Jean d'Ibelin ch. 227 Beugnot I, p. 359.

925 Philippe de Navarre ch. 86 Beugnot I, p. 559: et il en deit offrir treis, qu'ele prenge le queil qu'ele vodra. Et tous les treis deivent estre pareil à la feme et au mari qui mors est: car la feme est à chois de dire lequeil elle vaudra, et metre avant le parage de li ou de son mari qui fu. Es handelt sich bei diesem Text nach Grandclaude, Liste p. 340 um die „Assise du mariage", die er auf „nach 1177" ansetzen möchte.

926 Const. II 8: in earum rationibus, dotibus scilicet, donationibus propter nuptias, quarta atque dotariis ... nullam omnino molestiam sustinere. Griech. Fassung: ἐν τοῖς ἑαυτῶν δικαίοις, ἤγουν προιξὶ καὶ δωρεαῖς προγαμιαίαις καὶ ἐν τῇ λεγομένῃ κουάρτᾳ καὶ δουδαρίοις ... οὐδεμίαν ὑποστῆναι βλάβην.

927 Const. III 13: Si aliquis baro vel miles uxorem duxerit et tria feuda habuerit, liceat ei in dotarium uxori suae unum de tribus feudis constituere.

928 Const. III 15: Et si unum tantum et dimidium habeant, [dimidium] feudum [in] dotarium eis constituere liceat.

929 Ebenda: Ceterum si unum tantum [habeant], de eo non in terra, sed in pecunia uxori suae pro qualitate feudi facultatem in posterum constituendi dotarium barones et milites sibi noverint fore permissum.

930 Summa CI 2 Tardif II, p. 252: Sciendum igitur est quod relicta in dotem habere debet per consuetudinem Normannie terciam partem tocius feodi quod maritus suus tempore matrimonii contracti dignoscitur possidere; Glanvilla VI 1 ed. Woodbine, p. 88: potest quis dare in dotem ...

931 Statuta et Consuetudines LXXIX 6 TARDIF I, p. 82: Si vero habuerit diversa masnagia, debet habere dotalicium in uno, ita quod computetur in tercia parte.

932 Siehe Anm. 930 und 931.

933 Summa CI 4 TARDIF II, p. 253.

934 Glanvilla VI 1 ed. WOODBINE, p. 88.

935 Const. III 13.

936 Statuta et Consuetudines LXXIX 6 TARDIF I, p. 82: In capitali masnagio non debet mulier dotari, si maritus habeat tenementum in campis, quod valeat terciam partem hereditatis. Si autem non habuerit tenementum in campis, potest dotari in masnagio pro tertia parte tantum. NIESE, S. 55, will das capitale masnagium in jedem Fall ausgeschlossen wissen wie in den Constitutionen. Das ist nach dem Text nicht der Fall.

937 BUYKEN, Das römische Recht, S. 24 f. mit Anmerkungen.

938 Const. III 26: sancimus patre mortuo tam filios quam filias... ad parentum successiones absque sexus discretione vocari.

939 Const. III 27: servata tamen sexus praerogativa, ut mulieri masculus praeferatur, necnon maioris aetatis inter eos, qui vivunt speciali jure Francorum in regno. Siehe auch III 21: occasione eorum, quae a communi patre maior frater habere dignoscitur.

940 Const. III 26: consanguinei quantumcumque remoti masculini sexus tam balium pupillarum ipsarum post mortem patris accipiunt quam successionem usurpant et ipsas pro ipsorum dispositione maritant. Quod quidem et naturae dignoscitur esse contrarium... et juri... cummuni... derogatur.

941 Jean d'Ibelin ch. 175 BEUGNOT I, p. 275: l'eir masle irrite en toz irritages devant l'eir femelle... se la femelle n'apartient de plus près que l'eir masle à celui de par qui le fié... lor escheit.

942 Philippe de Navarre ch. 72 BEUGNOT I, p. 542: Se il n'a heir mahle, et il y a plusors filles, elles partent toutes.

943 Summa XXIII 11 TARDIF II, p. 78: Procreati autem ex feminarum linea vel femine successionem non retinent, dum aliquis remanserit de linea masculorum.

944 Statuta et Consuetudines IX 1 TARDIF I, p. 9: ita tamen, quod soror primogenita habebit masnagium capitale, et de ea tenebunt alie sorores. Siehe auch BESNIER, Les filles dans le droit successoral normand, Tijdschr. voor Rechtsgesch. 10, 1930, p. 502. NIESE vertritt die Ansicht, das Töchtermajorat habe in der Normandie keinen Eingang gefunden, S. 162.

945 Glanvilla VII 3 ed. WOODBINE, p. 101/02: Cum quis ergo hereditatem habens moriatur, si unicum filium habuerit heredem, indistincte verum est quod filius ille patri suo succedit in totum. Si plures reliquerit filios..., si miles fuerit vel per militiam tenens, tunc secundum ius regni Angliae primogenitus filius patri succedit in totum... si filiam tantum reliquerit quis heredem, tunc id obtinet indistincte quod de filio dictum est. Sin (!) autem plures filias, tunc quidem indistincte inter ipsas dividetur hereditas ... salvo tamen primogenitae filiae capitali mesnagio sub forma praescripta. Anders NIESE, S. 162.

946 Ass. d'Antioche Haute Cour ch. 6 ALISHAN, p. 18: son fils aîné héritera des seuls biens de son aieul; p. 20: Si tous les héritiers sont des filles, ... s'il y a château ou seigneurie, cela appartient à l'aînée, avec tous les biens et revenus dépendant de ce château ou seigneurie... Mais s'il y a d'autres biens en dehors des possessions susmentionnées, il faut faire des parts égales entre les autres soeurs.

947 Const. III 94.

948 Z. B. C. 1, 14, 8: tunc demum in sacro nostri numinis consistorio recitari.

949 Richard von San Germano ed. GARUFI, p. 175: Constitutiones novae, quae Augustales dicuntur, aput Melfiam, augusto mandante, conduntur.

950 Ebenda zu 1231, p, 176: Constitutiones imperiales Melfiae publicantur.

951 Guill. Apuliensis (Guillermi Apuliensis Gesta Roberti Wiscardi, MG. SS. IX) Lib. I, p. 246: dives amoeni fertilitate loci ... (Die Ausgabe von M. Mathieu, Guillaume de Pouille, La geste de Robert Guiscard, Palermo 1961, habe ich nicht einsehen können.)
952 Ebenda: bis sex nobiliores, quos genus et gravitas morum decorabat et aetas, elegere duces. Provectis ad comitatum his alii parent.
953 Siehe schon Buisson, Formen normannischer Staatsbildung, S. 162 Anm. 329: Die Aufteilung bei Amatus II 31: Wilhelm Eisenarm (Ascoli) und Drogo (Venosa) waren Brüder, Malaterra I c. 4; Petrus (Trani) wird als „consanguinitate propinquus" von Drogo bezeichnet, Guill. Apul. II v. 29; Gualterius (Civitate) war ein Bruder des Petrus (Trani), Amatus, S. 96 Sp. 1, S. 225 Sp. 1; Ascletin (Acerenza) war der Vater Ascletins und Richards I.; letzterer galt um 1046 als „Verwandter" Drogos, Anm. 325; weitere Verwandte sind nicht festzustellen. Vgl. dazu oben S. 116 ff., S. 119. — Ergänzend hierzu: Richard I. von Aversa war vermählt mit Fredesinde, der Schwester der Tancredsöhne.
954 Leo Marsicanus (Leonis Marsicani Chronicon monasterii Casinensis, MG. SS. VII) II 66, p. 676: Melphim, primam eorum sedem, communiter possidere decernunt.
955 Gaufredus Malaterra I 9, col. 1106: Sed cum sine castro, quo se tuerentur patriae illius incolis essent, castrum, quod Melfa dicitur, construxerunt.
956 Guill. Apuliensis Lib. I, p. 248: Pro numero comitum bis sex statuere plateas atque domus comitum totidem fabricantur in urbe.
957 Leo Marsicanus II 66, p. 675: ut aequaliter inter se adquirenda omnia dividant praecepit (Arduin!); Guill. Apuliensis Lib. I, p. 246: hi totas undique terras divisere sibi, nisi fors inimica repugnet.
958 Gaufredus Malaterra I 2 col. 1101/02: Hanc terram ... inter suos, prout convenire cognoscebat, distribuit; Guillaume de Jumièges Interpol. de Robert de Torigny II 19 ed. Marx, p. 221: Illam terram suis fidelibus funiculo divisit. Es handelt sich bei dem Ausmessen mit dem Seil um alten germanischen Brauch. Siehe Erichs seeländisches Recht, LIII u. LIV, Germ. Rechte Bd. 8: Dänische Rechte, übers. von Claudius Frhrn. von Schwerin, S. 74.
959 Ordericus Vitalis IV 7, ed. Le Prévost II, p. 224: Rex Guillelmus ... terras militibus ita distribuit, ... ut Angliae regnum LX millia militum indesinenter haberet. Le Prévost, p. 224 note 2: „60215, suivant une Chronique".
960 Guill. Apuliensis Lib. I, p. 246: Accessu populi nunc urbs illustris habetur.
961 Ebenda: Quicquid praedantur, ad illam urbem deducunt; p. 248: Hic spoliis collectis gentis Achaeae.
962 Guill. Apuliensis Lib. III, p. 272: Caput haec erat urbibus illis omnibus, est et adhuc, quas continet Appula tellus.
963 Leo Marsicanus II 6, p. 675: Melphim primitus quae caput et janua totius videtur Apuliae adeunt.
964 Guill. Apuliensis Lib. II, p. 262: Finita synodo, multorum papa rogatu Robertum donat Nicholaus honore ducali. Est papae factus iurando iure fidelis.
965 Romuald von Salerno, Zusatz p. 419: dux itaque Rogerius, postquam omnes Apuliae civitates suo subiugavit dominio, ... venit Melfim fecitque ibidem congregari omnes comites ... episcopos et abbates, iussitque omnibus comitibus, ut sibi filiisque suis ... omni tempore fideles essent et obedirent suis preceptis ... Et his omnibus prescriptis sacramento firmatis ... reversus est in Siciliam.
966 Appendix ad Gaufredum Malaterram col. 1212: Anno Domini 1231 ... dominus imperator misit ipsas constitutiones suas per totum regnum.

Anmerkungen zum Anhang

I. Noten zu BEUGNOT, *Assisen von Jerusalem*

1 Jean d'Ibelin ch. 1—4 BEUGNOT I, pp. 1—27; Philippe de Navarre ch. 47 BEUGNOT I, pp. 521—523.
2 Z. B. Philippe de Navarre ch. 47 BEUGNOT I, p. 523: Et le rei disoit que il entendeit que il recorderoient bien tout et moult foi en faudreit.
3 Z. B. Philippe de Navarre ch. 69 BEUGNOT I, p. 539: Et de tel endreit oï je parler a monseigneur de Baruth le vieil maintes feis, et disoit . . .
4 Siehe Maurice GRANDCLAUDE, Étude critique sur les Livres des Assises de Jérusalem, Paris 1923, p. 69.
5 Ders., Classement sommaire des manuscrits des principaux livres des Assises de Jérusalem, RHDFE. 1926, p. 419 u. note 2.
6 BEUGNOT I, p. 626 note a.
7 Siehe Heinrich Mitteis, Zum Schuld- und Handelsrecht der Kreuzfahrerstaaten, Beitr. z. Wirtschaftsrecht, Bd. I = Festschr. Ernst Heymann (Arb. z. Handels- Gewerbe- u. Landwirtschaftsrecht 62), Marburg 1931, S. 235.
8 Siehe GRANDCLAUDE, Classement sommaire, p. 424.
9 Ebenda, p. 424 u. note 1.
10 Siehe MITTEIS, Zum Schuld- u. Handelsrecht, S. 235.
11 Siehe Dimitri HAYEK, Le droit franc en Syrie pendant les croisades; institutions judiciaires, Paris 1925 (Thèse), p. 43.
12 Philippe de Navarre ch. 49 BEUGNOT I, p. 525: Il avint que je fui au premier siege de Damiette.
13 Siehe GRANDCLAUDE, Classement, p. 426.
14 Ebenda, p. 440.
15 BEUGNOT I, p. XLIX.
16 Siehe GRANDCLAUDE, Classement, p. 440 u. note 1.
17 Assises d'Antioche ed. ALISHAN, p. XX.
18 BEUGNOT I, p. LXIV.
19 Ebenda, p. 435 note a.
20 Siehe HAYEK, Droit franc, p. 43.
21 Ebenda.
22 Siehe MITTEIS, Zum Schuld- u. Handelsrecht, S. 235.
23 BEUGNOT II, p. 235, Prolog.
24 Ebenda, p. 235 note a.
25 Siehe GRANDCLAUDE, Classement, p. 418 sqs.
26 Siehe in Mélanges Paul FOURNIER, Paris 1929, p. 329—345.
27 Siehe MITTEIS, Zum Schuld- u. Handelsrecht, S. 230.
28 Ebenda, S. 237.

II. Noten zu ALISHAN, *Assisen von Antiochien*

1 ALISHAN, p. XX.
2 Ebenda, p. 2.
3 Ebenda.
4 Ebenda, p. 92
5 Ebenda, p. 2.
6 Ebenda, p. XVI.
7 Ebenda, p. XIX.
8 Ebenda, p. 2.
9 Ebenda, p. VII.
10 Ebenda u. note 1.
11 Siehe Dimitri HAYEK, Le droit franc en Syrie pendant les croisades; institutions judiciaires, Paris 1925 (Thèse), p. 38.

Register

GPSR Compliance

The European Union's (EU) General Product Safety Regulation (GPSR) is a set of rules that requires consumer products to be safe and our obligations to ensure this.

If you have any concerns about our products, you can contact us on ProductSafety@springernature.com

In case Publisher is established outside the EU, the EU authorized representative is:

Springer Nature Customer Service Center GmbH
Europaplatz 3
69115 Heidelberg, Germany

Batch number: 10809472

Printed by Printforce, the Netherlands